Kaspar Eduard Schech:

Stein für Stein – mein Leben

Stein für Stein – mein Leben

Die Biografie eines ganz normalen Abenteurers

von

Kaspar Eduard Schech

Stein für Stein – mein Leben
Die Biografie eines ganz normalen Abenteurers
© Schech, Kaspar Eduard
Lektorat: Susanne Hülsenbeck

Bibliografische Information der Deutschen Nationalbibliothek:
Die Deutsche Nationalbibliothek verzeichnet diese Publikation in
der Deutschen Nationalbibliografie; detaillierte bibliografische
Daten sind im Internet über http://dnb/dnb/de abrufbar.

© 2020 Schech, Kaspar Eduard
Herstellung und Verlag:
BoD – Books on Demand, Norderstedt
ISBN: 9783750494107

»Bedenke gut, was du dir wünscht,
es könnte wahr werden!«
(aus Aesops Fabeln)

Warum?

Es hat damit angefangen, dass ich meinen Kindern etwas von meiner Zeit erzählen wollte, mein inzwischen erwachsener Sohn hatte nach alten Bildern gefragt. Ich merkte schnell, dass alleine die Aneinanderreihung von Fotos aus dem Schuhkarton der Erinnerungen keine Geschichte erzählte. Ja, man könnte Textunterschriften einfügen, aber es war meine Absicht, etwas zu hinterlassen, das erzählt und unterhaltsam ist und von mir und meinem Weg durch mein Leben erzählt und alles mit der Zeitgeschichte in Verbindung bringt.

Dieser Text ist die erweiterte und öffentliche Version meines Bilderbuches, das ich für meine Kinder zusammengestellt habe – ohne die Bilder. Ich habe daher Namen und Einzelheiten von anderen Menschen aus dem Text herausgehalten, so dass alles von jedem gelesen werden kann und niemand kompromittiert wird. In gleicher Weise schreibe ich wenig von oder über meine Familie, Frau, Kinder. Nicht, weil es nicht wichtig gewesen wäre, nicht, weil es keinen Einfluss auf mein Leben gehabt hätte, nein, sondern weil es Privates und Persönliches darstellt, das hier nicht breitgetreten werden braucht.

An verschiedenen Stellen erwähne ich Musiktitel, die zu der Zeit gehören. Der interessierte Leser wird die Songs leicht finden oder ohnehin kennen.

Eingerückte Textstellen liefern Hintergrundmaterial zum geschichtlichen Verständnis und sind aus dem Internet zusammengeklaubt. Die Abfolge meiner Erzählungen ist nicht streng chronologisch, sondern folgt eher dem Sinnzusammenhang jedes Erzählstranges.

Eingerückte Textstellen liefern Hintergrundmaterial zum geschichtlichen Verständnis und sind aus dem Internet zusammengeklaubt.

Die Abfolge meiner Erzählungen ist nicht streng chronologisch, sondern folgt eher dem Sinnzusammenhang jedes Erzählstranges.

Der Inhalt

Schulzeit und Abitur

Geboren im Jahr 1955, der Zeit von Rock'n Roll und die Zeit der Babyboomer. Das heißt, solche wie mich gibt es – noch – viele. Ich hatte liebe Eltern, einen großen Bruder und wuchs in einer Kleinstadt auf: Bad Kissingen, knapp 10,000 Einwohner, dazu eine US-Garnison. Eine Kur-Stadt, also Sanatorien, Krankenhäuser, aber auch friedvolle Parks und jede Menge ältere oder kranke Menschen, die die Trottoirs der Stadt im Langsamgang benutzten.

Provinzstadt

Kissingen war – dereinst, damals, irgendwie, trotzdem – meine Heimatstadt. Deswegen nehme ich mir die Freiheit, die Stadt in diesem Zusammenhang als Kissingen und nicht Bad Kissingen anzusprechen, denn Bad Kissingen ist die Stadt der Kurgäste (wir nannten sie respektlos Gastis), für die vier Wochen Kuraufenthalt schön und unterhaltsam sein mögen. Für uns war es eine Kleinstadt, klein, zu eng und provinziell, eingeschränkt. Die Stadt beherbergte eine amerikanische Garnison und die Soldaten, exotische Erscheinungen in ihren grünen Uniformen und in ihren offenen Jeeps sitzend, vermittelten uns einen Eindruck, wie es außerhalb der Provinzstadt, draußen in der weiten Welt, zugehen mochte. Viel Interaktion fand nicht statt: Wir sahen die GIs, wie sie ihre Einkäufe aus dem PX-Laden, zu dem wir keinen Zugang hatten, in dünnen, braunen Papiertüten nach Hause trugen, auch im Regen. Warum? Hatten sie keine Einkaufstaschen?

Jedes Mal, wenn ich in späteren Jahren nach Kissingen zurückkam, vermittelte die Stadt ein anderes Gefühl. Im Sommer als stilvolles und verschlafenes Nest mit dem Staubzuckerauftrag herber Naturschönheit, öfter jedoch als Ansammlung grauer Häuser, hingeduckt im kalten Dezemberregen und zwischen den unbedeutenden Hügeln der Vor-Rhön. Es hat sich vieles geändert seit meinem »damals«. Die Grundtonart, e-Moll mit gelegentlichen Exkursionen nach As-Dur im Seitenthema, ist geblieben. Und bei den Vortragsanweisungen wird in Kissingen immer Andante *lente e molto grave* gespielt (man sehe sich dazu die Kurgäste an). Nur in den seltenen warmen Sommernächten scheint der Stadtbetrieb in ein leichteres con brio zu verfallen, geswingt oder gar gerockt hat Kissingen nie.

Das obere Ende der Fußgängerzone ist topographisch durch das »Mäuerle«, eine Trockenmauer aus Naturstein vor dem Landratsamt definiert. Kissingens einziger Sex-Shop, damals neu eröffnet, stand in guter Geschäftslage gegenüber eines Altenheimes in der Nähe der katholischen Haupt-Kirche (es gibt drei katholische Kirchen). Kissingens einziger Puff, oder der einzige, von dem ich wusste, war in der Kapellenstraße gegenüber dem Säumarkt, beides unterhaltsam auf meinem täglichen Schulweg und beides inzwischen abgerissen und neu bebaut.

Der Verfall der Stadtsubstanz geht weiter: Die Geschäfte der Innenstadt, damals ein Mix dessen, was der Mensch so brauchte, wandelten sich zu Geschäften, die verkaufen (wollen), was der Mensch nicht braucht: Indianerschmuck, Musik-CDs zum Kuscheln (früher hieß das FuMu, funktionelle Musik oder Aufzugsmusik) oder

Lederwaren, die aus Plasten gefertigt sind. Eine wichtige Ausnahme von diesem Abwärtstrend ist die italienische Eisdiele in der unteren Ludwigstraße.

Zu Hause

Geld war immer knapp bei uns, aber wir waren nicht arm. Bis in die Jugendzeit trug ich alte Kleider auf, in denen vorher mein Cousin und dann mein großer Bruder gesteckt hatten. Ich fand das nicht unangenehm. Im Gegenteil, es waren oft urige Klamotten, die ich gerne trug. Ich weiß nicht, ob damals der Mode- und Gruppenzwang in der Schule noch nicht so stark war oder mich nicht erreicht hat, in jedem Fall war die erzwungene Einfachheit im Großen und Ganzen ohne Probleme.

Wir hatten ein altes, aber wohnliches Haus am Rande der Stadt, auf einem kleinen Berg, besser gesagt einem Hügel gelegen. Drum herum waren Obstgärten, Wiesen und Äcker. Wir hielten Hühner und Karnickel, Hasen genannt, und eine gute Verbindung zur Natur oder was wir dafür hielten, aber keine Katze, keinen Hund. Der Boden war steinig und gab wenig Ernte her. Ein Teil der Äcker war an einen Bauern aus dem nächsten Dorf verpachtet, der sich mit seinem Pferdegespann im Frühling und Herbst abmühte, ein paar Kartoffeln oder etwas Getreide aus dem kargen Boden zu erwirtschaften. Unser extra eingezäunter Gemüsegarten hatte bessere Erde und Wasser, musste aber im Sommer dauernd bearbeitet und gewässert werden. Wir klauten – je nach Jahreszeit – frische Erdbeeren, Rhabarber oder Kohlrabi aus dem Garten und vernaschten alles auf der Stelle. Frische Kirschen, gleich drei verschiedene Arten vom Baum gepflückt, Mirabellen, Zwetschgen, Äpfel – alles war leicht zu haben und was übrig war, wurde gleich nach der Ernte zu Marmeladen, Säften und Konserven verarbeitet. Ich hatte in meiner Kindheit das Glück, vielerlei Sachen, die ich sonst nie gekannt hätte, auszuprobieren und zu kosten.

Um unser Einkommen aufzubessern, verkauften meine Eltern Flaschenbier, Limonade und frische Eier von unseren Hühnern oder Kirschen und Äpfel in der Erntezeit. Die Bierkundschaft war eine seltsame Mischung von Zeitgenossen. Da war ein Nachbar, Vertreter von Backwaren, der sich nach seiner Verkaufstour durch die Provinz ausratschte und bei einer Flasche Bier ungefragt seine absurden politischen Meinungen erklärte. Er war harmlos. Oder ein Kriegskrüppel aus der Sozialbausiedlung, der sich seine Tage vor dem Fernseher mit Bier erträglich soff und alle paar Tage zu uns gekrabbelt kam, um ein paar Flaschen Bier gegen die Realität einzukaufen. Oder die amerikanischen Soldaten, die gelegentlich mit dem Jeep vorfuhren, und gleich zwei, drei Kisten Bier mitnahmen und großzügig mit grünen Dollarnoten bezahlten, um damit am Flugplatz im Wald Grillpartys zu feiern.

Ich will kurz auf meine Vorfahren eingehen, insofern als sie auf mein Leben Einfluss hatten. Erstmal der Urgroßvater. Er war dank ererbten Geldes stinkreich. Er leistete sich öfter einen Sonderzug der damals neuen Eisenbahn, um zusammen mit seinen Kumpanen von Würzburg nach Kissingen zu fahren. Der Urgroßvater gründete die »Königlich privilegierte Freihandschützengesellschaft«, einen Schützenverein, der eine Schießanlage in dem Haus gebaut hatte, in dem ich groß wurde. Der reiche Urgroßvater hat es zusammen mit seinen Freunden geschafft, seinen gesamten Reichtum durchzubringen. Er verstarb einsam und unter bescheidenen Umständen. Sein Sohn, mein Opa, war ein braver Mann, der mir viel von den alten Zeiten erzählte, von dem Hund, den er einmal hatte, seinen Freunden, denen er nachtrauerte, von seiner Zeit als Wandergeselle im Erzgebirge und den vergangenen Tagen, als der Schießstand noch nach Pulverdampf roch. Er hatte Conrad Röntgen kennengelernt und in seiner Wohnung in Würzburg Schreinerarbeiten erledigt und beschrieb ihn als netten, freundlichen Menschen. Von seiner Zeit im Ersten Weltkrieg, in dem er in Galizien eingesetzt war, sprach er hingegen nie. Er war ein durch und durch friedliebender Mensch, dem es gelungen war, auch den Wirrungen der Hitlerzeit aus dem Weg zu gehen.

In den ersten sechs Jahren meines Lebens verbrachte ich fast jeden Tag mit meinem Opa. Er hat sicher hart gearbeitet, aber er hatte genauso Freude am Kegeln und Billard (mit einem eigenen, selbstgebauten Tisch) und hat es auch mal krachen lassen, wenn es am Samstagabend zum Tanzboden ging. Er hatte die richtige *Work-Life-Balance*, würde man heute sagen. So kam es, dass bei uns Waffen, Jagd und Schießen immer Themen waren, oft weiter befeuert von einem Onkel, der als verhinderter Jäger mich mit allerlei Zeitschriften (»Waffenjournal«) versorgte, uns oft eines seiner Schießgewehre lieh, mit denen wir dann auf Scheiben schossen oder bei Nacht Kaninchen jagten (und auch aßen). Was ich mit diesem Absatz sagen will, ist, dass ich im Alter von zehn Jahren gelernt hatte, mit Waffen umzugehen, sowohl technisch, aber auch im Hinblick auf Sicherheit und Moral.

Grundschule und Gymnasium

Die Volksschule war ein finsterer, trister Bau. Die Grundschule, Klieglschule genannt nach einem ausgewanderten Stifter oder Gönner, war ein Vorkriegsbau. Im Pausenhof ragte der Kellerereingang zu einem Luftschutzbunker, der immer verschlossen war, aus dem Boden. Die Lehrer sahen es gar nicht gerne, wenn wir dort spielten. Angeblich war es gefährlich, man munkelte von giftigen Gasen im Untergrund. Der Pausenhof war asphaltiert und die Heizung im Keller der Schule war ein dampfend-fauchendes Ungetüm, das mit Kohle befeuert wurde. Das Gebäude hatte seinen eigenen Geruch von Reinigungsmitteln und Bohnerwachs, das mit grünen Kehrspänen durch die Gänge gefegt wurde. Widerlicher Mief hing in der Turnhalle mit ihren alten, eisernen Turngeräten aus der Vorkriegszeit, die wie Folterwerkzeuge erschienen. Die Halle roch nach Staub und Schweiß und es gab keine Dusche, keine Umkleidekabine. Nach einer Stunde Sitzfußball auf dem dreckigen Bohnerwachsparkett blieb der Geruch der Halle den ganzen Tag an den Händen und in der Kleidung.

Die Klassen der Grundschule wurden nach Jungen und Mädchen und nach Religionszugehörigkeit sortiert. Meine erste Klasse war, zum Beispiel, die »1.k.Kn.«, die Kurzform für erste Klasse, katholische Knaben. Ja, sogar der Pausenhof war getrennt: Die Mädchen spielten mit Hüpfseilen unten auf einem geschotterten Pausenhof, die Jungen oben, auf der anderen Seite des Gebäudes, auf dem asphaltierten Platz. Koedukation, Mädels und Jungen in einer Klasse, sei »nicht gut für uns«, sagte man, und erreichte mich erst später, in der achten Klasse im Gymnasium. Ich habe wenig Erinnerungen an die frühe Schulzeit – und das ist wohl gut so. Erwähnt sei noch, dass wir in den ersten zwei Schuljahre unsere Aufgaben mit einem weißen Griffel auf eine schwarze Schiefertafel kratzten; auf der linierten Vorderseite Schreibübungen, auf der Rückseite durften wir Bilder malen, die wir uns ausdachten. Erst im dritten Jahr gab es Papier, Schreibhefte, in die wir die Buchstaben mit dem Tintenfüller malten. Kugelschreiber waren streng verboten und wurden uns vom Lehrer weggenommen.

Eine andere Einzelheit aus der Zeit der 1960er Jahre war die Spardose. Eine Art Sparschwein, das verschlossen war und nur von der Bank mit einem speziellen Schlüssel geöffnet werden konnte. Der Einwurfschlitz für Münzen hatte kleine Zähnchen, damit man nicht die Groschen oder Markstücke, die ein gutmeinender Onkel da vielleicht eingeworfen hatte, wieder aus der Dose herausfummelte. Es gab dann noch ein kleines Loch an der Oberseite, das dazu vorgesehen war, Geldscheine in gerollter Form aufzunehmen. Einmal im Jahr wurden die Dosen geöffnet. Das zwar am 30. Oktober, dem sogenannten Weltspartag, ein Begriff, der uns einreden sollte, dass Sparen gut, erstrebenswert und ein weltweites Phänomen sei. Anstatt Unterricht kam an diesem Tag der Vertreter der Sparkasse in die Schule, die Dosen wurden geöffnet, das Geld auf einem Brett abgezählt und dann handschriftlich im Sparbuch gutgeschrieben. Ich erzähle das, um die Stimmung der Zeit wiederzugeben. Wer sparte, war ein guter Mensch, das versuchte man uns in der Schule beizubringen. Man beachte den Kontrast zu der heutigen Null-Zins-Politik. Ich weiß nicht, ob das als Erziehung zum Kapitalismus vorgesehen war oder nur der Zeitgeist der 6oer Jahre.

Der Übergang ins Gymnasium nach der vierten Volksschulklasse war in jeder Weise ein Aufstieg. Ein neues, ockerfarbenes Gebäude, helle Zimmer, Tische, die nach Holz und nicht nach Schweiß und nach gestern rochen, ein kürzerer Schulweg – alles war besser. Selbst das Signal, das den Vormittag in Schulstunden aufteilte. Im dunklen Bau der Grundschule läutete dazu eine Feuerklingel laut, erschreckend, harsch. Im Gymnasium dagegen kam zum Takt der Unterrichtsstunden ein harmonischer Gong aus dem Lautsprecher, vier Töne in Dur, absteigend, 5-3-1-5, ein Signal, dem wir oft erwartungsvoll entgegensahen. Zur Aufnahme ins Gymnasium war eine Prüfung notwendig. Drei Tage lang, aber selbst das empfand ich als angenehm, denn ich war mir sicher (warum eigentlich?), die Bewertung zu bestehen. Das Gymnasium nannte sich »Neusprachliches Gymnasium«, hatte aber im Kontrast zu seinem neuphilologischen Anspruch ein Pythagoras-Denkmal vor dem Eingang und schrieb Latein als Pflichtfach vor. Fünf lange, nutzlose Jahre. »*Ubi bene, ibi patria*«, »Wo es dir gut geht, da ist deine Heimat« lehrten sie uns in Latein. Selbst das war falsch, wie ich jetzt, nach vielen Jahren im Ausland, weiß.

Die 60er Jahre – Aufbruchstimmung

Die Freizeit, die Sommernachmittage, verbrachten wir im Freischwimmbad, einer prächtigen Anlage an einem Hang und mit Aussicht auf das Flusstal der Saale. Mir war damals nicht klar, wie schwierig es war, ein großes Schwimmbecken an einem Hang anzulegen. Auch hier, das muss erwähnt werden, leistete die amerikanische Garnison Hilfe bei den Erdarbeiten und alle Soldaten der Garnison bekamen deshalb – angeblich für alle Zukunft – freien Eintritt in das Bad.

Oder wir verbrachten die Nachmittage auf dem Rummelplatz, einem chaotischen Gelände, auf dem ein- oder zweimal im Jahr ein Zirkus oder Schausteller Schiffschaukeln und Autoscooter aufbauten. Schießbuden und der Geruch von gebrannten Mandeln und Popcorn. Vom Opa oder von der Mutter schnorrte ich zwei Mark extra zu meinem Taschengeld, um mich dort zu amüsieren. Woran ich mich gut erinnere, war der Song »*Apache*« von den Shadows, der in den Buden dauernd gespielt wurde. Ein Blick ins Internet zeigt, dass dies das Jahr 1960 oder 1961 gewesen sein muss. Samstags, am Nachmittag, kam im Fernsehen der »*Beat Club*«, eine Sendung – in Schwarz-Weiß –, die ich manchmal bei einem Freund sehen konnte. Die Musik der Zeit. Es wurden Titel vorgestellt wie: Herman's Hermits, Dave Dee, Dozy, Beaky, Mick & Titch (»*Legend of Xanadu*«), Manfred Mann (»*Do Wah Diddy Diddy*«), aber auch The Tornados (»*Telstar*«) sind Namen und Songs, die mir in Erinnerung geblieben sind. Damals hatte mein Vater seine kleine Schreinerwerkstatt als Probenraum an eine Band aus der Nachbarschaft vermietet, zum Leid der Nachbarn, die sich bitter über den Lärm beschwerten, wenn die Band samstags übte. Einer ihrer Songs war »*Wooly Bully*« von Sam The Sham & The Pharaohs. Unter der Woche schlich ich mich heimlich in den Proberaum und bewunderte die Instrumente und Verstärker. Die elektrischen Gitarren und Röhrenverstärker waren wie von einem anderen Stern. Manchmal setzte ich mich an das Schlagzeug und probierte – leise – ein paar Sachen aus.

Meine Mutter pflegte die Verbindung mit ihrer Verwandtschaft, Brüdern und Schwestern, die in der damaligen DDR und in Schlesien, heute Polen, lebten. Alle sechs Wochen wurden Päckchen mit Konsumgütern gepackt, die dort begehrt waren. Das waren Kaffee (Jacobs Krönung: »Mit dem ganzen Aroma«), Textilien aus neuen synthetischen Stoffen, zum Beispiel die fortschrittlichen Nylonhemden, die nie gebügelt werden mussten, aber schon bald vergilbten und im Sommer unerträglich auf der Haut klebten. Im Gegenzug kamen aus Polen Viktualien, Produkte der Landwirtschaft wie Schinken, Butter und geräucherte Würste. Ein Mal waren wir zu Besuch im Osten. In der Erinnerung geblieben sind endlos lange Eisenbahnfahrten und der Geruch von Dampflokomotiven, der im Osten deutlich anders war, denn dort wurden die Maschinen mit stinkiger Braunkohle befeuert.

Was hatten unsere Pakete damals, mit Vietnam heute, zu tun? Hier eine Erklärung:

Die Kaffeekrise in der DDR begann 1976. Damals waren die Weltmarktpreise für Kaffee aufgrund einer Missernte in Brasilien dramatisch angestiegen und zwangen die DDR, viel harte Währung für Kaffeeimporte auszugeben. Die Führung drosselte die Importe von Nahrungs- und Genussmitteln insgesamt, um dringend benötigte Devisen für Erdöl zur Verfügung zu haben. Mittelbar führte die DDR-Kaffeekrise zu Veränderungen im weltweiten Kaffeemarkt.

Die bis dahin angebotene preiswerteste Kaffeesorte »Kosta« wurde eingestellt und nur noch teurere Sorten angeboten. Daneben kam mit dem Kaffee-Mix eine Art Ersatzkaffee auf den Markt. Man ging davon aus, die Bevölkerung sei in der Lage, sich über Verwandte in der Bundesrepublik mit Kaffee zu versorgen. Die steigende Nachfrage für das typische Gegengeschenk der Ostdeutschen, den Dresdner Christstollen, bescherte der DDR-Wirtschaft ebenfalls Probleme.

Die Bürger der DDR lehnten den Kaffee-Mix überwiegend ab und empfanden den Kaffeemangel als Angriff auf einen wichtigen Bestandteil der Alltagskultur. Spottnamen wie »Erichs Krönung« wurden geprägt. Es kam zu empörten Reaktionen sowie zu Protesten. Als sich der Kaffeepreis wieder normalisierte, blieb die Devisenbeschaffung in den 1980er Jahren ein Problem, die zu Versorgungskrisen und zu Gesichtsverlusten der politischen Führung führten. Es wird angenommen, dass 20 bis 25 Prozent des gesamten Kaffeeverbrauches in der DDR in den Jahren von 1975 bis 1977 als Bestandteil des klassischen Westpakets aus der Bundesrepublik kamen. Dem Kaffee kam damit eine weit über die Rolle als Genussmittel und nach dem Öl als wichtigstem Welthandelsprodukt reichende Funktion als innerdeutsches Symbol zu.

Die Beziehungen zwischen der DDR und Vietnam waren eng und freundschaftlich. In den Jahren 1980 und 1986 wurden unter dem Eindruck der Kaffeekrise Regierungsabkommen geschlossen, um die Versorgung mit Kaffee zu stabilisieren. Die DDR lieferte die Ausrüstung und die Maschinen, die für den Anbau von Kaffee nötig waren, Vietnam erhöhte die Anbaufläche von 600 auf 8600 Hektar und schulte einheimisches Fachpersonal auch in der DDR im Pflanzenbau. Doch Kaffee braucht vom Anpflanzen bis zur Ernte acht Jahre. Im Jahr 1990 sollte es die erste verwertbare Ernte geben. Ironie der Geschichte: die Wiedervereinigung. Die DDR, die den Kaffee brauchte, existierte nicht mehr. Vietnam gelang es, sich auf dem Weltmarkt als zweitgrößter Anbieter zu etablieren. Dies führte 2001 – nun durch Überversorgung – zu einer weiteren globalen Kaffeekrise. 2008 war Deutschland vor den USA der größte Abnehmer vietnamesischen Kaffees.

Mein Vater, Ernährer und Geldverdiener der Familie, verließ das Haus immer früh am Morgen, während wir alle noch schliefen. Zu seinem Frühstück hörte er Radionachrichten. Wenn etwas außerordentlich Wichtiges berichtet worden war, schrieb er uns einen Zettel, den er auf dem Küchenofen oder Esstisch deponierte. Ich erinnere mich an drei solcher Zettel, die uns schon vor dem morgendlichen Haferbrei in Angst oder Beklemmung versetzten.

Der erste Zettel, in meiner Erinnerung war 1961, als die Berliner Mauer gebaut wurde. Wir hatten einen direkten Bezug zu dem Ereignis, denn nur Wochen zuvor, war die Familie einer Tante aus der »Ostzone« bei uns zu Besuch gewesen. Sie brachten im Auto Wertsachen, Gemälde, Teppiche mit, die sie bei uns einlagerten. Die

Erwachsenen diskutierten bei jedem Essen, ob es besser sei, gleich dazubleiben, und die Existenz im Osten aufzugeben, oder ob die Situation doch nicht so dramatisch war, wie wir sie empfanden. Falsche Entscheidung: Sie fuhren zurück und konnten nach dem Mauerbau für Jahrzehnte nicht mehr ausreisen und uns besuchen.

Ein Jahr später – mein Vater schrieb nur die wirklich wichtigen Sachen auf – Atomkrieg! Oder doch nicht? Es war die Zeit der Kubakrise. Wir waren vorbereitet und trotzdem in Sorge, obschon es weit jenseits unserer Vorstellung lag, was ein Krieg mit solchen Waffen bedeutete. Wie hörten jeden Abend schweigend beim Abendessen die ausführlichen Sieben-Uhr-Nachrichten, während die Welt derweil am Abgrund stand und diesem immer näher zu rücken schien:

Die Kubakrise im Oktober 1962 war eine Konfrontation zwischen den Vereinigten Staaten von Amerika und der UdSSR, die sich aus der Stationierung US-amerikanischer Mittelstreckenraketen vom Typ Jupiter auf einem NATO-Stützpunkt in der Türkei und die daraufhin beschlossene Stationierung sowjetischer Mittelstreckenraketen auf Kuba entwickelte. Während des Schiffstransports nach Kuba drohte die amerikanische Regierung unter Präsident John F. Kennedy damit, dass sie Atomwaffen einsetzen würde, um die Stationierung auf Kuba zu verhindern. Die eigentliche Krise dauerte 13 Tage. Ihr folgte eine Neuordnung der internationalen Beziehungen. Mit der Kubakrise erreichte der Kalte Krieg eine neue Dimension. Beide Supermächte kamen während der Krise einer direkten militärischen Konfrontation am nächsten. Erstmals wurden die ungeheuren Gefahren eines möglichen Atomkrieges einer breiten Öffentlichkeit bewusst.

Wieder ein Jahr später lag da wieder so einen Zettel, der den ganzen Tag veränderte: »Kennedy in seinem Wagen erschossen!« Der Präsident war unbeschreiblich populär. Er hatte wenige Monate zuvor Berlin besucht und seine berühmten vier Worte auf

Deutsch gesprochen: »Ich bin ein Berliner.« Es drehte sich nicht nur um Berlin, der Mann stand für Erneuerung, Wandel, Zukunft und vor allem eines: Frieden. Das strahlte weit, sogar bis in unsere Provinzstadt.

In den Jahren danach, so um 1965/66, berichtete das Radio täglich von Ereignissen in Jakarta. Die Nachrichten, die immer dann kamen, wenn ich mit den Hausaufgaben anfing, berührten uns nicht direkt und interessierten mich kaum, denn ich wusste nicht, wo Indonesien lag (irgendwo in der Südsee) und die Radionachrichten schienen nicht wichtig genug, um das Land im Schulatlas nachzuschlagen. Man sprach von Revolution, Umsturz, schweren Zeiten – alles war weit weg, am anderen Ende der Welt.

Die Massaker in Indonesien 1965 - 1966 waren Massenmorde an Mitgliedern und Sympathisanten der Kommunistischen Partei Indonesiens und chinastämmigen Bürgern durch Teile der indonesischen Armee unter dem Kommando des Generals Suharto. Das Morden begann im Oktober 1965 und folgte auf einen Putschversuch der sogenannten »Bewegung 30. September«, für den die kommunistische Partei (PKI) verantwortlich gemacht wurde. Auch eine große Zahl an Zivilisten beteiligte sich an dem Morden. Heute gilt als gesichert, dass die Putsch-Beschuldigungen gegen die PKI falsch waren. Die Vorgänge wurden in der offiziellen indonesischen Geschichte als heroische Taten verklittert, die dem Schutz des Landes vor dem Kommunismus dienten. Die gewaltsame Ausschaltung der Kommunistischen Partei wurde in den USA und Großbritannien von offizieller Seite begrüßt und heimlich unterstützt.

Danach wurde das Radio abgestellt, damit ich mich besser auf meine Aufgaben konzentrieren konnte. Wie wenig ahnte ich damals, dass ich dereinst einmal einen großen Teil meines Lebens in Indonesien verbringen würde und dass meine Zeit dort anfangs noch deutlich von der Suharto-Diktatur geprägt sein würde.

Kaum dass Jakarta und Indonesien aus dem Fokus der täglichen Neuigkeiten verschwunden waren, eröffneten die Nachrichten mit Meldungen aus Vietnam, wo jetzt der Krieg in vollem Gang war.

US-Kaserne, Kalter Krieg

Die US-Kasernen und das Militärgebiet, entstanden in der Vorkriegszeit, waren immer der Gegenpol zu Kissingens Kurbetrieb. Wie es mir damals schien, war die Garnison ein Fenster zu einer anderen, fremden Welt. Fremd schon alleine, weil ich (noch) kein Wort von dem amerikanischen Englisch verstand.

Das Thema der amerikanischen Garnisonstadt habe ich, je nach Lebensalter, verschieden erlebt. Als ich in der Grundschule war, gab es die Umgehungsstraße noch nicht, die die Kaserne mit dem Manövergelände verband, auf dem auch ein kleiner Flugplatz und eine Raketenstellung lagen. Das hatte zur Folge, dass die Panzer auf dem Weg ins Gelände durch die engen Straßen der Stadt fuhren. Und genau da entlang ging eine wesentliche Strecke meines Schulweges. Ich hatte Angst vor den riesigen Panzern und dem Lärm, den sie veranstalteten, weniger vor dem Dreck, noch weniger vor den Soldaten. Ein, zwei Meter auf dem Trottoir neben einem M48-Panzer oder – noch beängstigender – einem M88-Bergepanzer zu laufen, das war schrecklich und kam mindestens einmal in der Woche vor. An guten Tagen winkten wir Kinder und die Soldaten warfen grüne Konservendosen mit Erdnussbutter oder Schokolade vom Panzer, Reste ihrer Feldverpflegung. Mit der Erdnussbutter wussten wir zunächst nichts anzufangen, denn wir verstanden die Schrift auf der Dose nicht und hatten nicht die geringste Vorstellung, ob das braune Zeug in der Dose Schuhcreme, Pioniersprengstoff oder ein Lebensmittel war. Bis wir es probierten.

Wie zur Entschädigung war im Sommer, in der Woche vor dem 4. Juli, die US-Freundschaftswoche. Dazu wurde eine Parade mit zackiger Blasmusik in der Innenstadt abgehalten. Die Amis hatten blank geputzte, metallisch-glänzende Helme und führten als Maskottchen ein niedliches Pony mit im Zug. Noch besser waren die Tage davor. Heiße Tage, Jahrmarktstimmung. Es gab eine Waffenausstellung in der Kaserne und wir Kinder durften nach Herzenslust auf und in den Panzern herumkrabbeln und das Kriegsgerät besichtigen, anfassen, damit spielen. So weiß ich jetzt, wie sich die Züge eines Granatwerfers anfühlen und wie schwer die Colt-45-Pistole in der Hand wiegt. Dazu gab es frischen Orangensaft, Softeis und Erdnussplätzchen, die ein großer schwarzer Mann an uns verteilte. Trotz der Waffenschau hat mich der spielerische Umgang mit dem Kriegswerkzeug in keiner Weise militarisiert. Eher im Gegenteil.

Es war Kalter Krieg und die Notwendigkeit, sich einmal verteidigen zu müssen, hing schwer in der Luft. Meine Mutter hortete in einer Kiste ein paar Kilo Mehl, Öl, Nüsse. Mein Vater kam von der Arbeit und erzählte von einem Lehrgang gegen ABC-Waffen. Die seien angeblich viel weniger gefährlich, als man sich vorstellte. Man bräuchte sich nur nach dem atomaren Blitz hinzulegen, den Kopf mit einer Aktentasche abzudecken (wer hat immer so eine Tasche dabei?) und ein paar Minuten zu warten, bis alles vorbei sei. So mühelos, versuchte man uns damals nahezubringen, wäre das mit dem Atomkrieg. Kein Wunder, dass wir die Hawk-Raketenstellungen im Wald nie hinterfragten, nie überlegten, was oder wen die denn da schützten. Einen trockenen Kiefernwald und magere Wiesen? Etwa 1961 oder 1962 flogen amerikanische Jets fast täglich im Tiefflug Scheinangriffe auf die Stellungen im Wald hinter unserem Haus, wahrscheinlich um die Radaranlage (1991 abgebaut) auszuprobieren. Sie verschreckten dabei unsere Hühner im Garten, die sich von den Düsenjägern genauso fürchteten wie vor dem Habicht, der Küken stehlen will. Man munkelte, dass da im Wald Atomwaffen gelagert seien. Andere sagten, das sei völliger Quatsch. Ich habe vierzig Jahre gebraucht, bis ich die Wahrheit aus Einzelheiten im Internet zusammengefriemelt hatte. Da waren tatsächlich eine Weile lang zwei atomare Artilleriegranaten gelagert (Reichweite etwa 30 km) und hätten nach Norden, in Richtung der Zonengrenze bei Bad Neustadt an der Saale abgefeuert werden sollen. Die Gefechtsköpfe lagerten ein paar Kilometer weiter in einer renovierten Munitionsfabrik aus dem Zweiten Weltkrieg, die, praktischerweise und mitten im Wald einen Eisenbahnanschluss hatte. Vortrefflich angelegt. Erst jetzt ergeben meine alten Beobachtungen einen Sinn. Wahrscheinlich aus Gründen der Geheimhaltung hatte die US-Einheit in der Kissinger Garnison (*2nd Squad, 14th Armored Cavalry*) gar nichts mit den Atomgranaten zu tun. Die Soldaten für die atomare Artillerie kamen sozusagen auf Besuch aus anderen Landesteilen und wurden nach Wochen in andere Gebiete transferiert.

Warum ich das alles erzähle? Es war meine Kindheit und Jugend, meine Normalität zwischen Kaltem Krieg auf der einen Seite und *Rock and Roll* auf der anderen.

Urlaub und die Berge

Aber es gab auch andere wichtige Erlebnisse in diesem Zeitabschnitt: Urlaub, zum Beispiel. Es war die Zeit, in der »man« anfing, sich einen Urlaub zu leisten. Eine Nachbarsfamilie fuhr mit dem VW-Käfer und ihre drei Kindern nach Italien an die Adria und ihr Junge, mein Spielfreund, erzählte mir unglaubliche Einzelheiten aus dem fernen Ausland und vom Meer, das ich bis dahin noch nicht gesehen hatte.

Meine Eltern verreisten zunächst mit Freunden nach Österreich (»Mondsee«) und im Jahr darauf an den Gardasee in Italien und hörten monatelang nicht auf, von dem Land zu schwärmen, in dem die Zitronen blühen und brachten Kochrezepte und Farbfotos mit. Oder Eier, Hühnereier aus dem Ausland, um die Genetik unserer Hühnerschar zu verbessern. Immer wenn die Eltern verreist waren, kam eine Tante, um uns zu bekochen und den ganzen Betrieb mit Hühnern, Hasen, uns Kindern und Opa am Laufen zu halten. Tante Gertrude war eine außergewöhnlich gute Köchin und ihre hausgemachten Eierbandnudeln bleiben unvergessen.

Mein erster Sommerurlaub ging mit dem Zug nach Berchtesgaden, davor übernachteten wir zwei Tage in München. Mein Vater, der in seinen jungen Jahren einige Jahre in München gelebt und gearbeitet hatte, war der perfekte Fremdenführer. Er erklärte München wie kein anderer und obwohl wir nur die Theresienhöhe und das Deutsche Museum besuchten, hatte ich das Gefühl, alles Wichtige gesehen zu haben. Weil es regnete, verbrachten wir einen ganzen Tag im Museum, und betrachteten ausführlich jede Sammlung und Ausstellung, von der Mineralogie über Musikinstrumente bis hin zur Raumfahrt.

Ich hatte meine erste Kamera geschenkt bekommen, eine Kodak Instamatik-126 (mit Blitzlämpchen), ein Weihnachtsgeschenk. Ein Film mit zwölf Bildern für zehn Tage Urlaub, Berge, Wasser. So viel Neues, so viel zu sehen: Ein Salzbergwerk, das Hitlerhaus am Kehlstein, der Königssee – jeder der zehn Tage war ein Erlebnis. Dazu die Berge, die aus so vielen verschiedenen Arten von Stein bestanden. Ich glaube, im Laufe dieser Reise begann in mir die Idee zu keimen, später »was mit Steinen« zu machen; Geologie als Wissenschaft oder Studienfach war noch weit unter dem Horizont meines kindlichen Denkens.

Musik

Musik war immer präsent. Meine Eltern sangen in einem Chor und immer war Musik im Haus. Leider auch ein uraltes, arg verstimmtes, schwarzes Monstrum von Klavier. Weil das Klavier eben schon da war, schien es eine ausgemachte Sache, dass ich lernen sollte, darauf zu spielen. Ein Zugeständnis: Es wurde noch einmal gestimmt. Ich wollte lieber ein anderes Instrument erlernen, eines, das man mitnehmen kann, um dort zu musizieren, wo es Spaß macht: alleine auf einem Berg bei Sonnenaufgang oder – realistischer – mit Freunden vor dem Zelt, am Lagerfeuer. Ein Akkordeon zum Beispiel oder wenigstens eine Gitarre. Oder Trompete, Saxofon, egal, solange es in eine Kiste passt und transportabel war. Am Ende überwogen die wirtschaftlichen Überlegungen, es war kein Geld da, um ein neues Instrument zu beschaffen. Also doch Klavier. Mein Onkel, der verhinderte Jäger, versuchte, mich aus meinem Dilemma zu erlösen, und schenkte mir ein Horn, damit ich das Blasen auf einem Blechblasinstrument lernte. Ein Signalhorn ohne Ventile, das nur einen begrenzten Tonumfang hat. So sehr ich mich mit dem verflixten Horn abmühte, es führte letztendlich nirgendwo hin.

Mein erster Klavierlehrer wohnte auf der anderen Seite der Stadt, hatte vier Klaviere in seinem Haus und eine hübsche, aber zickige Tochter. Ich kam mit seiner Art von Unterricht nicht zurecht, er war zu mechanisch und unmusikalisch. Ja, ich glaube, dass selbst bei den allerersten Übungen schon Musik dabei sein sollte, mehr als nur technischer Drill und genaue Tempi. Mein Lehrer sah das nicht so. Erst die Technik, dann die Musik, und so waren wir schon nach ein paar Sitzungen miteinander fertig. In kurzer Zeit und nach einer Pause von wenigen Monaten hatte mein Vater einen anderen Klavierlehrer ausrecherchiert. Es war der Kantor der evangelischen Kirche, ein diplomierter Musiker mit allen Prüfungen und Papieren, der sich in unserem Provinznest unter Wert verkaufte. Er gab Klavierstunden, um sein bescheidenes Einkommen als Kirchenmusiker aufzubessern. Oft stand er während des Unterrichts auf und ging in ein anderes Zimmer, um einen Schluck aus der Schnapsflasche zu nehmen. Ich glaube, die Schulstunden haben ihn Nerven gekostet. Mag sein, dass ich ein besonders schwerer Fall war; wahrscheinlich eher nicht, denn der Kantor ermunterte mich zu allerlei weiterführenden Kursen, Gelegenheiten die ich damals dummerweise ausschlug. Er fand es auch akzeptabel, dass ich ihm Blues vorspielte, und verplapperte sich dann gleich, dass er ein Faible für Militärmusik hätte, fügte aber schnell hinzu, dass das keine vollwertige Musik sei – aber trotzdem Spaß mache. Also wie jetzt? Er vertrat die Ansicht, dass man Musik nicht analytisch angehen dürfe: »Musik muss man mit dem Bauch hören, nicht mit dem Kopf.« Gleichwohl schrieb der sensible Mann detaillierte Rezensionen über Gastkonzerte fremder Orchester in der lokalen Tageszeitung. Ich habe erst Jahre später verstanden, wie viel ich von ihm gelernt habe. Als ich ihn bei einem späteren Besuch in Kissingen noch mal aufsuchen wollte, um etwas über die Musik und die vergangenen Zeiten zu plaudern, traf ich in seiner alten Wohnung nur noch seine Witwe.

Eine Klavierstunde, an die ich mich besonders erinnere, fand am 21. Juli 1969 statt. Warum ist das wichtig? Wir hatten keinen Fernseher und ich bedrängte meinen Klavierlehrer, doch bitte das historische Ereignis der ersten Mondlandung, in seiner Flimmerkiste ansehen zu dürfen. Ich sah Neil Armstrong, oder besser gesagt etwas schemenhaft Weißes über den Bildschirm hüpfen, dazu das »krchhht-piep«, das den Wortwechsel im Sprechfunk begleitete. Nein, ich hörte nicht die berühmten Worte »Ein kleiner Schritt ...«, nein, da war nur Rauschen und Piep. Meine Mutter hatte zu Hause Erdbeermarmelade gekocht und etikettiert: »Erdbeere – Juli 69, Mondlandung.«

Gymnasium, Oberstufe, Abitur

Dieser Abschnitt begann mit dem Umzug in ein neues Haus, von einem Altbau in einen aufwendigen Neubau auf dem gleichen Grundstück im Dezember 1968. Wir hatten mehr Platz, mein Bruder und ich bekamen endlich jeweils eigene Zimmer.

Vieles war neu. Die Schlagworte: Pizza, Käseigel und Hawaii Toast. *Hot Pants*, die Bravo und die Pille. Farbfernsehen (»*Hawaii Five-O*«). Im Radio sang Donovan von Atlantis und Johnny Cash beklagte sich über den »*Boy named Sue*«.

Musik, Radio, Jazz

Natürlich hatten wir zu Hause ein UKW-Radio, ein System, das jetzt von digitalem Radio abgelöst wird. In meinem Zimmer hatte ich leider kein Radio und konnte daher mein Programm noch nicht selbst bestimmen. Um Abhilfe zu schaffen, kaufte ich mir von angespartem Taschengeld das billigste Radio, das es gab, ein winziges japanisches Transistorradio für sechzehn Mark. »*Six Transistors*«, stand darauf, modernste Technik – damals. Das Radio empfing nur Mittelwelle, AM, und da gab es tagsüber nur zwei Stationen, die kräftig genug funkten, um den ganzen Tag hörbar zu sein: Den Deutschlandsender und AFN-Nürnberg. Der Deutschlandsender (nicht zu verwechseln mit dem Deutschlandfunk aus Köln) war das Staatsradio der DDR und stinklangweilig. Die Nachrichten fingen immer irrelevanten Informationen an wie: »Der erste Vorsitzende des Staatsrates der SED, Walter Ulbricht,

hat heute ... bla, bla ...«, und darauf eine Belanglosig-
keit; hat jemandem die Hand geschüttelt oder ein
Bäumchen gepflanzt. Eintönig.

AFN (kurz für: *American Forces Network*) war anders, da war Leben, amerikanische Musik, Jazz, Country (Merle Haggard, Waylon Jennings oder Tammy Wy-
nette, jeden Nachmittag um drei zu den Hausaufgaben)
und alles mögliche Gequassel auf Amerikanisch, von
dem ich anfangs gar nichts verstand. Eine andere Sendung war der Swap Shop: »Tausche Motorrad gegen
Kinderwagen« und ähnliche Anzeigen ginge über den
Sender. Erstaunlich ist aus heutiger Sicht, wie freizü-
gig damals mit Klarnamen und Telefonnummern umge-
gangen wurde.

Nachts, wenn die Sender eine größere Reichweite
hatten, kamen andere Stationen. Ich erinnere mich an
Radio Moskau, das – überraschend – in der Stunde vor
Mitternacht ein ausgezeichnetes Jazz-Programm aufge-
legte. Danach kam die Internationale: »Wacht auf, Ver-
dammte dieser Erde ...«. Die DDR spielte zum Sende-
schluss Tschaikowskys Klavierkonzert (Nr.1, op.23, b-
Moll) mit einer politischen Botschaft und solidarischen
Grüßen an die sozialistischen Bruderländer. Für mich
Zeit, das Licht auszumachen und wieder an die Schule
zu denken.

Später bekam ich zu Weihnachten ein besseres Radio und damit dann Zugang zu mehr Musik. Der wichtigste Musiksender war Radio Luxemburg, der auf
Kurzwelle, im 49-Meter Band, sendete und immer fro-
he Musik und lockere Kommentare drauf hatte. Samstags, am Vormittag, kam ein erstklassiges Jazz-Programm vom SWR-Stuttgart, für das ich öfter mal die
Schule schwänzte, denn damals war an Samstagen
noch Unterricht. Mit dem neuen Radio bekam ich Zu-

gang zur Kurzwelle. Das war der Anfang meiner DX-Zeit. Ich hörte Kurzwellensender aus aller Welt, schrieb die Sender an und sammelte QSL-Karten, die – wie bei den Radioamateuren – einen Empfang bestätigten. Die ganze Welt in meinem Zimmer. Es gab dazu ein teures Jahrbuch, in dem alle Radiostationen der Welt beschrieben waren: Pausenzeichen, Postadresse, Sendeleistung und Frequenzen. Gute Musik kam aus Bonaire auf den Niederländischen Antillen. Daneben hörte ich regelmäßig seltenere Stationen wie Accra aus Ghana oder Radio Veronika, den Piratensender in der Nordsee, der alleine schon wegen seiner Illegalität faszinierend war. Sonntagabends war immer Radio Südafrika (RSA) angesagt, das leicht an seinem Vogelgezwitscher-Pausenzeichen zu erkennen war. Danach kam Radio Kanada International im 31-Meter-Band. Die Kanadier leisteten wirksame Arbeit, ihr Land von der besten Seite darzustellen. Das ging so weit, dass ich zutiefst überzeugt war, nach dem Abitur dorthin auszuwandern. Ich forderte Broschüren und Formulare von der kanadischen Botschaft in Bonn an, die ich mit großem Interesse las und zum Teil auch ausfüllte. Bald würde ich unterwegs sein.

Einmal bekam ich ein Signal von einem Sender in Timor. Wo ist das? Ich musste in meinem Schulatlas nachsehen, wo Portugiesisch-Timor liegt. Timor war noch eine portugiesische Kolonie, um die sich die Kolonialmacht nicht im Geringsten kümmerte. Es war jenseits meiner Vorstellung, dass ich später einmal dorthin reisen würde, obschon nur in den indonesischen Westteil, der Insel.

Der portugiesische Seefahrer António de Abreu sichtete Timor 1512 als erster Europäer auf der Suche nach den Gewürzinseln. Über hundert Jahre später landeten die Niederländer in Kupang und die Auseinandersetzungen um die Vorherrschaft auf Timor zwischen den Niederländern im Westen und den Portugiesen im Osten endeten erst 1916, als die heute noch bestehende Grenze festgelegt wurde. Im Zweiten Weltkrieg wurde die gesamte Insel von den Japanern besetzt. Es kam zur Schlacht um Timor, in der australische Einheiten in Guerillataktik gegen die japanischen Besatzer kämpften. Nach dem Krieg wurde Westtimor 1949 ein Teil Indonesiens. Osttimor blieb portugiesisch, bis sich die Kolonie 1975 für unabhängig erklärte.

Indonesien besetzte Ost-Timor nur neun Tage nach der Unabhängigkeitserklärung, auf einen Fingerzeig und mit Unterstützung Amerikas, wo Nixon gerade 1974 sein Amt niedergelegt hatte, der Vietnamkrieg noch andauerte und Eisenhower's Domino-Theorie die amerikanische Außenpolitik definierte.

Timor eignete sich von seiner Lage her ideal als Militärbasis. Man geht davon aus, dass die Sowjetunion in den 1970er Jahren anfing, Bunker für eine U-Boot-Basis zu bauen, ähnlich der amerikanischen Subic-Base auf den Philippinen. Bekannt ist, dass portugiesischsprechende Soldaten (aus Angola?) zu dieser Zeit nach Timor kamen. Nach 24 Jahren Besatzung und Guerillakrieg gegen die indonesische Besatzung und drei Jahren Verwaltung durch die Vereinten Nationen wurde Osttimor 2002 unabhängig, jetzt mit dem Namen Timor Leste (oder Timor Lorosa'e).

Timor war eindeutig ein Nebenschauplatz des Kalten Krieges.

Immer noch in Kissingen: Die Amerikaner mit ihrer Kaserne in der Stadt blieben weiter in meinem Blickfeld, zumal der Kaserneneingang unmittelbar neben der Schule lag und wir aus dem Zeichensaal den Kindern von der amerikanischen Schule beim Baseball zuschauen konnten. Hin und wieder landete ein Hubschrauber auf dem Platz. Einige Jahre später, der Wind der Kultur hatte sich gedreht und unsere Interessen sich geändert, gab es jeden Donnerstagnachmittag Musik im *Officers Club*. Zwar wurden wir, weil minderjährig, regelmäßig, wenn auch freundlich, hinausgeworfen, jedoch bleibt die Musik unvergesslich: Die erste *funky music* in meinen Ohren, *live* gespielt von Amerikanern afrikanischer Abstammung mit Sonnenbrillen, bunt bestickten Mützchen und laut-farbigen Togas, die so ganz anders waren als Uniformen oder Jeans-mit-T-Shirt-Erscheinungen der GIs auf der Straße. Ich erinnere mich zwar nicht mehr an die Titel, die damals gespielt wurden, aber an jeden einzelnen Ton aus dem Tenorsaxophon der *Brass Section*. Die Musik aus der Kaserne war für mich ein früher meinungs- und geschmacksbildender Einfluss.

Später, der Vietnamkrieg war in seiner heißen Phase, erlebten wir mit Traurigkeit, wie viele unserer amerikanischen Freunde ihren Marschbefehl nach »Nam« bekamen und aus unserem Sichtfeld verschwanden und wie später einzelne Rückkehrer aus »Nam« ihre Erlebnisse mit seltsamen konischen, selbstgedrehten Zigaretten betäubten und uns manchmal daran teilhaben ließen. »*Make love, not war*«, war das nächste große Ding.

Fotografie

Fotografie war für mich immer ein wichtiger Teil meines Lebens, will sagen, ich bin damit groß geworden und habe damit sogar ein bisschen Geld verdient. Meine erste Kamera bekam ich im Alter von acht Jahren. Mein Vater hatte, so lange ich denken konnte, eine 6×6-Faltkamera von Voigtländer, mit der er die Familie, Feste und den Urlaub dokumentierte. Das Thema Fotografie rückte für mich in den Vordergrund, als ich in einem Schrank zu Hause einen Riesenstapel von Büchern fand, unter anderem einige Fotobücher. Da wir keinen Fernseher hatten, waren die Abende beschaulich und alles Lesbare, alles Interessante, war eine willkommene Abwechslung. Eines der Bücher war der »Temmler« ein kleines Büchlein von »Photo Porst«, damals ein wichtiger Foto-Discounter. Noch wichtiger, weil technisch ausführlicher, war ein Buch der Firma Pentacon, damals der Hersteller preiswerter, aber guter Spiegelreflexkameras aus Ostdeutschland, der DDR. Ich habe jede einzelne Seite genau gelesen, langsam und ausführlich, jede Formel durchgearbeitet, jede Fußnote beachtet. Das Buch war mein erstes Lehrbuch der Fotografie und der Grundstein für später. Ich wurstelte zunächst mit einfachen Kameras herum, fing an, Filme und Bilder im Schullabor zu entwickeln. Das Fernziel war eine bessere Kamera, eine echte Spiegelreflexkamera mit Wechselobjektiven und allem Drum und Dran, das dazu gehört. Ich sammelte alle Kataloge, Broschüren und teure Fachzeitschriften, die ich bekommen konnte und sparte Geld zusammen. Als ich genug zusammengekratzt hatte, besuchte ich den ersten Fotoladen am Ort und verlangte eine »bitte eine Praktika LLC mit Normalobjektiv«. Der nette Verkäufer, der später für eine Zeit lang mein Kollege wurde, wollte mich noch beraten, mir das eine oder andere erzählen. Nein danke, ich wusste genau, was ich wollte, die einzige brauchbare und erschwingliche Reflexkamera. Ich hatte meine Wahl ausführlich ergründet und brauchte keine Beratung.

Ich erinnere mich an den nachfolgenden Herbst, an dem ich mit der Kamera in unseren Garten stürmte, um Blümchen zu fotografieren. Auf Dia-Film, Marke Agfa. Gute Farben! Die Erinnerung ist noch da. Im Winter porträtierte ich Mädchen in der Schule. Nachmittags und auf schwarz-weißem Film. Dabei war ich ein erstaunlich braver Junge, meine wilde Zeit kam brach erst viele Jahre später an. Die Kamera, die gute, alte Praktika, begleitete mich fünfzehn Jahre bis in die Zeit in Indonesien. Ich hätte sie noch länger behalten, wenn sie nicht exotische und teure Batterien (Typ PX21, 4,5 Volt) gebraucht hätte, die am Ende weder für Geld noch für gute Worte zu bekommen waren.

Aufbruch, die frühen 70er Jahre

Der Abschnitt des Erwachens in der Jugend begann mit dem Tanzkurs (jeden Samstag) und – ach, wie trivial! – mit der ersten Freundin, die später im Text mit dem Namen Pauline auftreten wird. Natürlich war das nicht ihr richtiger Namen.

Der Tanzkurs war genau so lächerlich, so klischeehaft, wie man sich das vorstellt: Schüchterne Mädchen, ungeschickte Jungen und Gedanken, die sich um alles andere drehten als um Tanzschritte (»eins-und-zwei-und-side-kick«) oder Rumba-Rhythmen. Eines der Mädchen, das erfreulich leicht im Tanz zu führen war und nicht wie manche andere, wie ein Küchenschrank auf dem Parkett herumgeschoben werden musste, war Pauline. Damals kannte ich ihren Namen nicht und war zu verklemmt, um zu fragen. Ein wichtiges Thema war der Abschlussball. Wer mit wem? Wir fühlten uns wie junge Erwachsene. Es oblag grundsätzlich den Jungs, ihre Lieblingstanzpartnerin anzusprechen und sie zum Abschluss einzuladen. Der Ball fand in Anwesenheit der jeweiligen Eltern statt, das war damals halt so, alternativlos. Unser Tanzlehrer gab sich schon vorab Mühe, Peinlichkeiten zu vermeiden und setzte uns Wochen vor der Feier in Kenntnis: »Die Eltern des Mädchens bestellen und bezahlen eine kalte Wurstplatte, die Eltern des Jungen sorgen für eine Flasche Wein am Tisch.« Alles klar.

Die Schule organisierte jedes Jahr einen Skikurs, ein paar Tage woanders, früher hätte man Schullandheim gesagt. Die Schule verlieh Ski und Stiefel, um die passenden Klamotten musste man sich selber sorgen. Geld war zwar immer noch knapp, reichte aber dann doch jedes Jahr wieder. In der Mittelstufe dauerte der Skikurs nur drei Tage und fand in der Rhön statt. Kurz, nebelig, aber erlebnisreich genug, um Vergnügen am Skifahren zu finden. Später ging es in die bayerischen Alpen, Sudlfeld, Bayrischzell. Ich glaube, es waren fünf Tage. An sich nicht schlecht, aber es war eine der Reisen, bei der ich mit den falschen Leuten unterwegs war und bei der alles schiefging, wo alles anders ablief, als ich es mir zurechtgelegt hatte. Kurzum: eine Reise, wo nichts, aber auch gar nichts Freude machte. Ich erspare mir hier die Aufzählung der Einzelheiten, es war eine beschissene Woche. Einziger Lichtblick waren rauchbare Krümel, eingerollt in Stanniolfolie, die die Mädchen mitbrachten. Wir hatten viel zu lachen an zwei Abenden im Schnee, an denen wir »Fix«Sterne am Himmel suchten.

Damals ein schneesicheres Skigebiet, kämpft das Sudlfeld heute damit, dass sich die Welt erwärmt und in der Gegend um Bayrischzell kaum mehr Schnee fällt. Der Klimawandel ist schon innerhalb eines Menschenlebens deutlich spürbar und beobachtbar.

Zum letzte Skikurs – inzwischen war ich in der Oberstufe – fuhren wir nach Cavalese, einem Städtchen in Südtirol, das irgendwann mal die olympischen Winterspiele ausgerichtet hatte (1956, *Cortina d'Ampezzo*). Diesmal war alles anders. Gute Freunde, alles im Lot, alles rund. Natürlich ist das Skifahren in den Bergen Südtirols eine andere Sache als auf den Hügeln der Rhön. Steile Hänge, Tiefschnee, Sonne und dank der

Jahre vorher war ich nicht mehr der blutige Anfänger, sondern stieg in die zweite Gruppe (von fünf Gruppen) auf. Es war himmlisch, frühmorgens, nach einem kräftigen Cappuccino, bei Sonne im frischen Schnee herumzufahren, Schwünge zustande zu bringen. Ein unbeschreiblich gutes Gefühl, wie ein junger Gott, unendlich stark, alles gelingt, es gibt nichts in so einer Welt, das einen zurückhalten kann, wenn man nur will.

Natürlich genossen wir Gymnasiasten unser *Après-Ski* in der nahe gelegenen Disco, nur Schnee und Piste reichte uns nicht. Die Musik kam aus einer *Juke-Box*. Ja, so was gab es damals noch, so ein Glas-Ding mit schwarzen Platten und Münzeinwurf. Hier ergab es sich, dass ich Pauline wiedertraf, die ich schon zwei Jahre zuvor im Tanzkurs kennengelernt hatte. Und wieder tanzten wir. Diesmal Tango. Nur so. Ein harmloser Unfug und aus »Spaß an der Freud'« und daran, unseren Freunden mit der Opa-und-Oma-Musik auf die Nerven zu gehen. Auf der Heimfahrt im Bus saß sie neben mir und kurz vor Innsbruck war sie eingeschlafen, mit dem Kopf auf meiner Schulter. Ein paar Tage später trafen wir uns im Gang in der Schule (sie war in einer Parallelklasse) und so weiter. Leicht vorzustellen, denn die meisten *Teenie-Lovestories* laufen ja schrecklich ähnlich ab – man sieht sich öfter, mag sich mehr – und der Rest ist bekannt und läuft immer nach dem gleichen Muster ab. So begab es sich auch in diesem Fall.

Geld. Man braucht Geld. Als Jugendlicher aus schlichten Verhältnissen ist schnell der Punkt erreicht, an dem das zugeteilte Taschengeld nicht mehr genügt. Der Ausweg war Ferienarbeit. Viele Freunde in der Schule hatten Ferienjobs – und Geld, der Stoff, aus dem die Träume gemacht werden. Mein erster Job war ein jämmerlicher Fehlschlag. Ich arbeitete in einem Fischimbissladen. Von Anfang an hatte ich mich mit dem knappen Arbeitslohn abgefunden. Die Arbeitszeit reichte von frühmorgens bis in den Nachmittag, an einem Stück und ohne Pause. Gegen drei Uhr eine kurze Mittagspause, danach wieder in den Laden, wegräumen, putzen für den nächsten Tag. Meine Aufgabe war es, die Teller wegzutragen und von Hand in lauwarmem Wasser zu spülen und zu trocknen, wobei ich von dem glatzköpfigen Chef kritisch beobachtet wurde. Ich sollte kein Spülmittel und kein heißes Wasser vergeuden, die stinkenden Mülltonnen in den Hof raustragen, aber nur wenn sie ganz voll waren, Platten von gefrorenen Fischstäbchen aus dem Kühlraum holen, auftauen und die halb gefrorenen Filets mit einer Schere in Portionsgröße klein schneiden. Die Arbeit war mühsam, aber durchaus machbar. Was ich nicht aushielt, war der ständige Fischgestank vom Abfall, von altem Fett in der Fritteuse, vom Spülwasser. Ich schlurfte abends müde nach Hause, duschte ausführlich und wusch meine Haare mit großer Sorgfalt. Beim Einschlafen roch mein Haar immer noch abscheulich und nach Fischküche. Nach einer Woche, abends und morgens gründlich geduscht, war die Ausdünstung von Fisch und Fett nicht verschwunden. sondern hatte sich in Haar und Kleidung festgesetzt. Der Wendepunkt war der erste freie Sonntag. Sommer, Sonne und Freundin Pauline wartete im Park auf mich. Gleich bei der ersten flüchtigen Umarmung unter freiem Himmel kam die Zurückweisung: »Du stinkst nach Fisch!« (Sie war eher der Ich-sag-wie-es-ist-Typ, hatte aber andere, weniger offensichtliche Qualitäten). Mehr war an diesem vielversprechenden, sonnigen Sommersonntag nicht drin. Am

Abend war meine Entscheidung gefallen: »Da gehe ich nicht mehr hin.« Ich gab auf. Keine Arbeit, kein Geld. *Finito!*

Next time better! Ich hatte den ganzen Winter Zeit zu überlegen, wie ich in den nächsten Ferien zu Geld kommen könnte. Dazu ging ich in Gedanken die Beschäftigungsmöglichkeiten in unserer Kleinstadt durch und verglich sie mit meinen Neigungen und Fähigkeiten: Bedienung oder Kellner im Café oder eine Gaststätte? Nein, nichts für mich. Ich war nicht geschickt im Umgang mit Menschen. Baustelle? Schwere körperliche Arbeit, die ich mir nicht zutraute. Ferienbetreuung für fremde Kinder oder Hunde ausführen? Na ja, nicht wirklich. Musik? Mein Klavierspiel war miserabel. Supermarkt, Regale auffüllen? Ich hatte im einzigen Supermarkt der Stadt nachgefragt und wurde sofort und ohne Begründung abgelehnt. Gärtnerei? Schlecht bezahlte Arbeit, mein Plan »B«, wenn sonst nichts Besseres käme. Die anderen in meiner Klasse prahlten mit großartigen Sommerjobs: Weintrauben ernten in Südfrankreich. Korrekturlesen bei der Provinzzeitung, gutes Geld für ein paar Stunden Arbeit am Abend. Gebrauchte Autos in eine andere Stadt überführen.

Dann kam mir die zukunftsweisende Idee: Was mit Foto! *Das* war es. Ich war mit der Arbeit im Schwarz-Weiß-Labor vertraut, kannte alle Kameras auf dem Markt, wusste welcher Film, wozu gut ist, kurzum, ich war mir sicher, dass das meine Nische war. Zielbewusst und entschlossen ging ich in den größten und besten Fotoladen am Ort, fragte nach dem Chef und erklärte ihm ohne lange Vorrede: »Ich will hier in den Ferien arbeiten!« Und als ob das nicht schon dreist genug gewesen wäre, bestimmte ich auch noch das Datum, die Zeit im Juli und August, in der ich Ferien und Zeit für Arbeit hätte. Mein Ansinnen wurde mit Erstaunen und Wohlwollen aufgenommen. Es traf sich, dass die blonde Fachverkäuferin dringend Urlaub brauchte. Normalerweise ist Urlaub in der Hauptsaison ausgeschlossen. Ich bekam den Job. Schon in der ersten Woche hatte ich den Abteilungsleiter und die Kollegen überzeugt, dass ich ein fast vollwertiger Mitarbeiter war, bekam interessantere Aufgaben, half im Verkauf und ersetzte sogar eine Laborantin für ein paar Tage.

Zwei Schritte nach oben: Freunde aus der Schule kamen in den Laden und waren überrascht, mich bei der Arbeit zu sehen. Und nicht zu vergessen – es gab Geld. Nicht weil Geld an sich gut ist, sondern weil das erste selbst verdiente Geld in der Hand ein großer Schritt in die Zukunft ist und weil es Freiheit verspricht. Nach meinem ersten Arbeitstag setzte ich mich zusammen mit meinem Bruder in einen Biergarten und wir feierten den ersten Schritt in mein neues Leben.

Sommer 1972, ein trauriger Sommer mit dem Attentat der Palästinenser auf das israelische olympische Team in München:

Das Münchner Olympia-Attentat vom 5. September 1972 war ein Anschlag der palästinensischen Terrororganisation Schwarzer September auf die israelische Mannschaft bei den Olympischen Spielen. Es begann als Geiselnahme und endete mit der Ermordung aller elf israelischen Geiseln sowie mit dem Tod von fünf Geiselnehmern und eines Polizisten.

Am Morgen des 5. September überfielen acht bewaffnete arabische Terroristen ein Wohnquartier des israelischen Teams im olympischen Dorf. Ein israelischer Sportler wurde schon während des Angriffs getötet, ein weiterer erlag kurz darauf seinen Verwundungen. Die übrigen neun Mannschaftsmitglieder wurden als Geiseln genommen. Die Geiselnehmer verlangten zunächst die Freilassung von 232 Palästinensern und des japanischen Terroristen Kōzō Okamoto aus israelischer Haft sowie der

RAF-Mitglieder Andreas Baader und Ulrike Meinhof aus deutscher Haft. In der Nacht vom 5. auf den 6. September unternahm die bayerische Polizei auf dem Militärflugplatz Fürstenfeldbruck einen schlecht geplanten und desaströs durchgeführten Befreiungsversuch, der vollständig scheiterte.

Persönlich war es ein Sommer wie ein Traum, Freundin Pauline, Vorfreude auf die Spiele in München, ein solider Ferienjob im Fotoladen und damit eigenes Geld in der Hand. Siebzehn Jahre alt. Es konnte kaum besser werden. Pauline und ich fuhren zusammen zu den Olympischen Spielen nach München, leider in der Zeit, nachdem das blutige Attentat der Palästinenser schon stattgefunden hatte. Die Reise musste heimlich geschehen, denn ihre Eltern durften unter keinen Umständen davon erfahren und meine Eltern waren nur oberflächlich und ohne Einzelheiten eingeweiht. In München übernachtete Pauline bei einem Onkel und ich driftete nachts durch Jugendherbergen und Schulturnhallen, die als Behelfsplätze für Übernachtungen hergerichtet waren. Die Stimmung war international, Rucksackreisende, fremde Sprachen, Tee und Zwieback vom Roten Kreuz zum Frühstück. In der Retrospektive frage ich mich heute, wie ich alle diese Herbergen gefunden habe, denn es gab ja kein Internet, in dem man solche Informationen googeln konnte. Tagsüber waren wir bei Sportveranstaltungen, meist irgendwelchen unwichtigen Vorspielen, Ausscheidungen oder Nebenereignissen, denn wir hatten nicht genug Geld für gute Eintrittskarten zu einem Endspiel. Der bunte Schwarzmarkt lag hinter dem Rathaus am Marienplatz. Oder wir hingen im Englischen Garten herum, auf der grünen Wiese vor dem Monopteros und unter blauem Himmel. Eine sorglose Zeit.

Noch eine Erinnerung aus München: Nicht weit vom Hauptbahnhof, in der Bayerstraße, waren die ungemein fesselnden Schaufenster eines damals renommierten Radio- und Elektronikgeschäftes und dort lagen – frisch aus Amerika importiert – Taschenrechner. Sie hatten die Größe eines halben Backsteins, beherrschten gerade mal die vier Grundrechnungsarten und kosteten sage und schreibe fast siebenhundert Mark, fast so viel wie ich in einem ganzen Monat im Fotoladen verdiente. Wenigstens war in dem exorbitanten Preis das klobige Netzteil mit eingeschlossen.

Noch zwei Jahre bis zum Abitur. Pauline, die geliebte Freundin vom Skikurs, verschlang alle meine Zeit, Aufmerksamkeit und alle Energie. Wir kamen in die gleiche Klasse und saßen bis zum Abitur nebeneinander. *Peak time!*

Das erste Auto

Eigentlich wollte ich ja ein Motorrad und das hatte ich mir schon längst beim Motorradhändler der Stadt ausgesucht. Das Kraftrad, eine vergammelte NSU 1-Zylinder 250 cc Maschine, stand hinten im Hof des Händlers, nahe am Schrotthaufen. Die wollte ich, weil ich mein Geld dafür gerade noch ausreichte. Eine neue Maschine von Zündapp oder Kreidler war weit oberhalb meiner wirtschaftlichen Griffhöhe. Der *Mojo-Dealer* wollte das alte Monster zurechtmachen, in einen Zustand bringen, dass es wenigstens nicht von der Polizei gleich an der nächsten Straßenkreuzung wieder aus dem Verkehr gezogen würde. Ich wollte sie anstreichen, bunt bemalen, optisch etwas aufmotzen, andere Farben auftragen als das Nachkriegs-Schwarz. Ich war zu dieser Zeit noch nicht ganz achtzehn Jahre alt und durfte daher so ein Kraftrad nicht fahren. Einstweilen, kaufte ich mir einen grünen Helm und ein rotes Halstuch aus Kunstseide. Beides platzierte ich auf dem Schrank in meinem Zimmer und oft setzte ich mir abends noch den Helm auf und versuchte mir vorzustellen, wo ich dann einmal herumfahren würde und wie saugeil das dann sein würde. – Es kam nie dazu.

Meine Mutter war dagegen. Da Mütter allgemein nicht vermögen, sich alleine durch einen gesprochenen Hinweis gegen den Willen ihrer pubertierenden Söhne durchzusetzen, wandte sie eine List an: Sie würde mir etwas Geld zu dem Führerschein drauflegen und vielleicht noch etwas mehr für ein gebrauchtes, billiges Auto. Freilich war das Angebot an alle denkbaren Verpflichtungen gebunden (zum Einkaufen fahren, Familienauto, wir hatten ja keines) und so weiter. Ein anderes ihrer Argumente war, dass, wenn ich dereinst mal eine Freundin hätte (sie kannte Pauline noch nicht), diese viel lieber mit mir im Auto führe, noch mehr so im Winter oder wenn es regnete. Ach, wie recht sie doch hatte! Im Mai bestand ich die Prüfung zum Führerschein Klasse 3 (Auto und Kleinlastwagen bis acht Tonnen) und Klasse 1 (Motorrad ohne Hubraumbeschränkung) und schon im Frühsommer sahen wir die Kleinanzeigen in der Tageszeitung durch, ob da ein billiges, kleines Auto zum Verkauf stünde. Es war ein Volkswagen Käfer, perlweiß, Baujahr 1961, Kennzeichen KG-HH-25, später auf den Namen »Hannibal« getauft. Die Baureihe hatte eine 6-Volt Lichtanlage (armselig funzelnde Scheinwerfer), ein Sonnendach aus Textil, aber nicht mehr das geteilte Rückfenster (»Brezelfenster«), das für die Käfer der 50er Jahre typisch war. Es hatte keine Sicherheitsgurte. Der Wagen war selbst für die 500 Mark, die er damals gekostet hatte, zu teuer gewesen und technisch gesehen ein fahrender Schrotthaufen. Aber mit der Technik kannten wir uns nicht aus und freuten uns daher gutgläubig über das »neue« Auto. Mutter hatte recht: Das Auto, so schrottig es auch war, bedeutete einen beachtlichen Aufstieg in meinem sozialen Umfeld. Freunde kamen und gaben mir Geld für Benzin und baten mich irgendwo hingefahren zu werden. Die Dorfdisco, zwölf Kilometer weit weg, war auf einmal leicht erreichbar. Mädchen nahmen mein Angebot, nach Hause gefahren zu werden, auch ohne Regen, dankbar an. Auch die sehr private Seite mit Pauline wurde durch dieses Auto deutlich bereichert und von der grünen Wiese endlich unter ein Dach gebracht, wenn auch nur ein Textilschiebedach, durch das es bei Regen auf uns zwei tropfte. Kurzum, Mutter hatte recht – auch wenn sie es gar nicht wusste.

An dem ersten Wagen habe ich alles gelernt, was man von Autos wissen muss, wie man Reifen wechselt, die Batterie lädt und so weiter. Mit einem Buch: »Jetzt helfe ich mir selbst«, lernte ich, die delikateren Arbeiten korrekt auszuführen, das Einstellen des Zündzeitpunktes mittels einer Xenonlampe oder das Messen des Abstands des Zündkontaktes mit der Fühllehre. Größere Reparaturen kosteten Geld und so war vieles eine Abwägung von Kosten und Nutzen. Die Heizung zum Beispiel war entweder nur heiß oder nur kalt. Man muss dazu wissen, dass bei den alten VW-Käfern die Heizungsluft von einem Wärmetauscher am Auspuff erzeugt wurde. Das Hebelwerk und der Seilzug zur Einstellung der Heizung, freiliegend unter dem Bodenblech, waren festgerostet und man konnte allenfalls vor der Fahrt (»Wie wird das Wetter heute?«) per Hand am noch kalten Auspuff, die Einstellung ändern.

Die Reparatur der Anlage hätte so viel gekostet wie ein neues gebrauchtes Auto. Der Hannibal-Käfer hat einen ganzen Sommer lang funktioniert und seinen Dienst verrichtet, bis dann im Winter die Batterie endgültig keine Energie mehr speicherte und es billiger war, die Nummernschilder abzuschrauben und die Kiste beim Amt abzumelden.

Die Abende

In dieser Zeit änderte sich viel. Vorher hatte ich gelangweilt zu Hause gesessen, jetzt hatte ich Freunde, Bekannte, Leute, die es wert waren, abends noch mal aus dem Haus zu gehen zu unseren Treffpunkten, oder um noch eine Runde durch die Stadt zu drehen. Einer der sozialen Kristallisationspunkte war das eingangs schon erwähnte »Mäuerle«, Quader aus dem Oberen Muschelkalk, die genau in Sitzhöhe den immergrünen Vorgarten des Landratsamtes eingrenzten. Das war unser Treffpunkt mit den Amerikanern, mit Freunden und – natürlich – mit Mädchen, die wir kannten oder solchen, die wir noch nicht kannten. Nicht selten begleitete eine Gitarre, ein Transistorradio (»*Ghettoblaster*«) oder eine 2-Liter-Flasche Lambrusco (ein roter Billigwein vom Discounter) das oft stundenlange Ritual des Am-Mäuerle-Sitzens und selbst eiskalte Frostnächte waren nicht grimmig genug, um unsere Begeisterung abzukühlen. Endlose Versuche seitens der Stadtverwaltung, Ordnung in dieses Eck der Stadt – also uns – zu bringen, scheiterten stets.

Ein anderer Treffpunkt war die Teestube im Keller des evangelischen Gemeindehauses, eindeutig mit religiösem Überbau. Irgendwo lag immer eine Bibel herum, es gab Gebete. Daraus ergab sich die Möglichkeit, sich jederzeit mit der Idee des christlichen Glaubens auseinanderzusetzen, kritische Gedanken vorzubringen oder alles abzulehnen, was dann auch wieder hinterfragt wurde. Wie auch immer die Einstellung, es gab es ein Thema, eine Richtung, und trotzdem war alles recht liberal. Die Besucher waren junge Menschen zwischen 15 und 20, gelegentlich kamen ein, zwei amerikanische Soldaten, die nicht schon wieder in einer Bar herumsitzen wollten oder weil ihnen nichts anderes einfiel. Ein anderer Dauergast war ein Rentner, ein Fast-Obdachloser, der in einem winzigen Loch wohnte und es vorzog, seine Abende in unserer Gesellschaft zu verbringen. Bemerkenswert war, dass es keinen Aufpasser, keine erwachsene Ordnungsfigur gab. Die Älteren sahen nach dem Rechten und das lief ohne wesentliche Probleme ab. Bob war einer der wichtigeren Figuren aus der Teestube. Wichtig, weil er jedermanns Vertrauen genoss und man ihm deswegen die Schlüssel zu der Kellerstube anvertraut hatte. Wichtig auch als gewandter Diskussionspartner, sattelfest und gewandt mit vielerlei Bibelzitaten. Sein bester Beitrag, den ich nicht vergessen habe: »Wollen ist gemöchtetes Tun.« Er konnte Sprache.

Wenig überraschend, es gab es keinen Alkohol, sondern nur Tee, daher ja auch Teestube genannt und dazu die Paraphernalien der Zeit: Poster, Kerzen, Möbel im Orangenkistenlook und – das war das Wichtigste – Musik. Die Titel aus der Zeit waren »*City of New Orleans*« (Arlo Guthrie) und »*Born to be Wild*« (Steppenwolf). Alle Musik aus dieser Phase ist mir noch sehr bewusst. Ich vermute, es liegt daran, dass es damals keine Social Media, keine Spiele und kein Facebook gab und Musik von Schallplatten(sic!) deswegen einen breiteren Raum unserer Aufmerksamkeit einnahm. Der bevorzugte Musikstil war von der jeweiligen Clique in der Schule geprägt. Heavy Metal, Led Zeppelin (»*Whole Lotta Love*«), Emerson, Lake & Palmer und derlei harte Sachen, das waren »die anderen«. In gewisser Weise erachteten wir Heavy Metal als Musik der Loser, derer, die mit Bierflaschen im Gras herumlagen. Wir glaubten, etwas Besseres zu sein; softere Musik, Beatles nicht Rolling Stones, Rotwein statt Bier. Oder eben Tee.

Natürlich hatte die Konkurrenz, die katholische Gemeinde, auch ihren Jugendclub. Dort ging es anders zu, dunkler, lauter, und viel, viel enger und voller. Dafür war öfter mal der Geruch von Haschischzigaretten zu schnuppern, wenn auch selten. Das katholische Environment war gut für die eine oder andere Samstagnacht, aber für eine ernsthafte Unterhaltung war die evangelische Teestube eindeutig der bessere Ort, wenigstens für Leute wie mich. Unser *Jour fixe* war dienstagabends nach sieben oder an anderen Tagen, nach Vereinbarung.

Natürlich waren Mädchen in der Teestube, ein nicht unwesentlicher Grund, dort mehrmals in der Woche meine Abende zu verbringen. Ein Mädchen, dessen Freundschaft mehrere Jahre hielt, war Sandra. Sie war damals 16 Jahre alt, das einzige Kind reicher Eltern, der Vater Chefarzt in einem Sanatorium, also – in dem Mikrokosmos der Provinzkleinstadt – eine von »ganz oben.« Sie war meine zweite Liebe und gleichzeitig mein sozialer Antikörper. Sonntags hatte sie nie Zeit, da sie Golf spielte. Andere Tage waren belegt mit Reitstunden, Klavierstunden und anderen Beschäftigungen, denen reiche Kinder folgten. In den Ferien flog sie mit anderen reichen Kindern zu Sprachferien nach England oder an die französische Atlantikküste (*Île de Ré*). Dazu kamen lockere Sprüche wie: »Ich kann ja nichts dafür, dass meine Eltern mehr Geld haben als andere ...« Andererseits hatte ich ein Auto und sie keines. Sie bekam dann aber, lange von den Eltern versprochen, einen nagelneuen VW-Polo zum Abitur. Aber noch war es nicht so weit und ich hatte die Freude, sie abends nach Hause zu fahren oder mit ihr zusammen die eine oder andere romantische Spazierfahrt zu unternehmen.

Vier Sonntage im November und in der Vorweihnachtszeit waren anders, die Zeit der ersten Ölpreiskrise:

In der Bundesrepublik Deutschland wurde als direkte Reaktion auf die Öl-Krise ein Energiesicherungsgesetz erlassen, auf dessen Grundlage an vier autofreien Sonntagen, beginnend mit dem 25. November 1973, ein allgemeines Fahrverbot verhängt sowie für sechs Monate generelle Geschwindigkeitsbegrenzungen (100 km/h auf Autobahnen, ansonsten 80 km/h) eingeführt wurden. Diese Maßnahmen hatten nicht nur das Einsparen von Öl zum Ziel, sondern auch, der Bevölkerung den Ernst der Situation nahe zu bringen. Der Spareffekt der autofreien Sonntage war nur gering. Die Regierung hatte ein allgemeines Fahrverbot verhängt.

Als ich die kleine Sandra von der Teestube zu Fuß nach Hause begleitete, lag eine dünne Schicht Neuschnee auf den Straßen der Innenstadt. Darauf eine einzige Reifenspur vom Nachmittag. Wundervolle Ruhe, Stille.

Auf großer Fahrt

In meiner jugendlichen Sorglosigkeit fuhr ich mit nur einem Monat Fahrpraxis, wenig Geld und dem schrottigen Hannibal-Auto in den Urlaub, Frankreich und weiter nach Spanien bis nach Barcelona. Es wurde ein wertvoller Urlaub, in dem ich viel erlebt habe und in dem gegen jede Erwartung nichts Schlimmes passiert ist. Mein Mitfahrer war Bob aus der Teestube. Wir fuhren meist den ganzen Tag, kampierten abends irgendwo und aßen selbst gemachten Fraß vom Campingkocher oder aus der Dose. Unterwegs nahmen wir den einen oder anderen Tramper mit und später in Südfrankreich ein Mädchen, das zwar nett war, aber für uns beide nur eine neutrale Reisebekanntschaft darstellte. Sie arbeitete in einer Druckerei, in der sie Texte in das System eintippte, pornografische Texte, wie sie stolz anfügte. Nach einigen Tagesetappen fiel der Anlasser des Autos aus; wir schoben die Karre dann früh an, was auf dem Gras einer weichen Campingwiese oder im Sand sehr mühsam war. Die Reise endete damit, dass ich alleine von Barcelona nach Deutschland zurückfuhr, da meine Mitreisenden allesamt krank geworden waren. Das Mädchen, Monika, bekam ein Triefauge, eine Bindehautentzündung, und konnte kaum mehr aus ihren verquollenen Augen sehen. Ich fuhr sie zum Flughafen in Barcelona, sie hatte genug Geld, um sich einen Flug zu leisten. Bob hatte ein entzündetes Ohr, aus dem irgendwas tropfte, es sah nicht gut aus. Er fuhr mit dem Zug zurück nach Deutschland. Wahrscheinlich hatten beide ihre Köpfe während der Fahrt durch das Rhônetal zu lange aus dem Schiebedach gehalten und sich in dem heißen, aber staubigen Tramuntana- oder Mistral-Wind etwas zugezogen.

Ich selbst fuhr alleine auf dem schnellsten Weg zurück, mit dem alten Auto vier oder fünf Tagesreisen von Barcelona. Unterwegs, auf einer sonnigen Landstraße in Südfrankreich, stieg eine Tramperin in kurzen Jeans in meinen alten Käfer und reiste drei Tage mit mir. Eine attraktive Frau, die in ihren *Hot Pants* adrett aussah, etwa zehn Jahre älter war als ich, kein Gepäck und kein Geld hatte und aus der ich nicht schlau wurde. Nach ihren Erzählungen war sie schon drei oder vier Monate unterwegs und jetzt auf dem nach Hause, nach Hamburg. Sie erzählte zusammenhanglos von ihren Freunden in Monte Carlo, wilden Partys auf großen Jachten im Hafen und andere unglaubliche Geschichten. Wie auch immer, sie war eine angenehme und unterhaltsame Begleiterin, die das Essen aus meiner Campingküche mitaß, ohne sich zu beschweren, in meinem Zelt schlief – während ich die Nacht brav und alleine im Schlafsack unter dem klaren Sternenhimmel verbrachte.

Die Musik, auf die ich damals abfuhr, war süß, sentimental bis kitschig: New Seekers (»*The Carneval is over*«), zum Beispiel, oder noch eine Nummer dicker – Lucille Starr: »*Quand le Soleil dit Bonjour aux Montagne*«. Auch das ist heutzutage noch bei YouTube nachzuhören. Die Musik, die sonst in meinen Kreisen populär war, hatte eine deutliche französische Affinität: Georges Moustaki (»*Ma Liberté*«) oder George Brassens. Das war der Einfluss, den der Schulaustausch mit unserer französischen Partnerstadt in unsere Schulklasse eingetragen hatte.

Oberstufe und Abitur

Im letzten Jahr im Gymnasium kam nach und nach das Gefühl der Freiheit auf. Während andere in den Parallelklassen paukten, um doch einen guten Notenabschluss einzufahren (und dann Medizin zu studieren), war in meiner Klasse die Stimmung eher geprägt von dem Spruch: »Du hast keine Chance, also nutze sie«, ein Slogan, der eigentlich erst Jahre später populär wurde.

Man hatte mir die Leitung der Fotogruppe in der Schule anvertraut. Das bedeutete, dass ich jederzeit Zugang zu dem Labor im Keller des Gymnasiums hatte, weil mir ein Schlüssel zu dem gesamten Schulgebäude anvertraut wurde. Ich habe ausnahmsweise keinen Unfug angestellt, konnte es mir aber auch nicht verkneifen, an einem Samstag spätnachmittags, als meine Bilder im letzten Wässerungsbad herumschwammen und kein Lehrer zu erwarten war, in der Aula am großen Flügel Boogie-Woogie und Stride zu üben.

Fünf Tage Klassenfahrt nach Berlin im Oktober, fünf Tage, an denen ich mein ganzes im Sommer zuvor im Fotoladen verdiente Geld verbrauchte. Es jede einzelne Mark wert! Zur Erinnerung: Berlin war geteilt und der Kalte Krieg in vollem Gang. Um West-Berlin am Leben zu erhalten, wurden Klassenfahrten nach Berlin vom Staat mit Zuschüssen versehen. Viele Künstler und Musikgruppen, die auf Tournee in Deutschland unterwegs waren, wurden mit sanftem Zwang und etwas Subvention angehalten, auch in Berlin ein Konzert zu veranstalten. Der Staat beabsichtigte, die paradoxe Inselstadt um jeden Preis am Leben zu erhalten und dieses Leben sollte halbwegs normal aussehen.

Es gab die geduldete Praxis der Wehrdienstverweigerung in der Form, dass ein junger Mann, der eigentlich seinen Wehrdienst ableisten müsste, nach Berlin umziehen konnte und so der Wehrpflicht entkam – sofern er mindestens zwei Jahre in Berlin blieb und nicht nach West-Deutschland reiste, denn die Wehrpflicht galt nur in der Bundesrepublik. Berlin war formal *nicht* Teil der Bundesrepublik. Wenn man Berlin begrifflich mit einschließen wollte, benutzte man die

Formel »Bundesrepublik und das gesamte Geltungsgebiet des Grundgesetzes.« Da war dann alles dabei, auch Berlin.

Militärdienst war Pflicht, achtzehn Monate, ersatzweise eben Ersatzdienst, deswegen hieß das ja so. Ich wurde zweimal zur Musterung einberufen. Bei der ersten Musterung wurde ich zurückgestellt, bei der zweiten Musterung vom diensttuenden Militärarzt sofort als völlig untauglich aussortiert. Es wurde mir bescheinigt, gesundheitlich vollkommen unbrauchbares Material zu sein, fast schon ein Wunder, dass ich aufrecht gehen und stehen konnte. Ich glaube, das kam so: Ein liebes Mädchen, das ich mal kannte, hatte ihre Studentenbude bei eben diesem Musterungsarzt und wusste von mir, dass in der nächsten Woche mein Termin anlag. Vielleicht wollte sie etwas gutmachen oder hatte einfach nur ein gutes Herz, jedenfalls unternahm sie etwas, was mir die Freiheit gebracht hat. Die Freiheit, nicht unter Kommando über Äcker und durch Wälder zu robben. Ich bekam trotzdem einen Wehrpass (»Bitte sorgfältig aufbewahren!«), den ich bald verloren habe und die strikte Anweisung, mich für den möglichen Verteidigungsfall bereitzuhalten, in dem sie dann solche Invaliden wie mich auch bräuchten, um »lieb' Vaterland« gegen die bösen Kommunisten zu verteidigen. Das wäre dann alles gewesen.

Weiter zu Berlin und der Klassenfahrt. Mit dem Bus über die Interzonenautobahn, dann in Berlin in ein Jugendhotel, von dem ich alles vergessen habe, denn es war nur zum Schlafen, der Bär tanzte woanders. In meiner Erinnerung war Berlin Kultur, Musik, Kneipen, Theater, tosendes Leben mit einem morbiden Schatten von Endzeitstimmung, denn niemand hatte eine Vorstellung, wie es mit Berlin weitergehen würde. An eine

Wiedervereinigung glaubte oder dachte damals niemand, das war weit jenseits jeder Vorstellung. In der Wirklichkeit, die sich in der Statistik abbildete, war Berlin eine sterbende Stadt, aus der die Jugend wegzog, die daher zunehmend vergreiste und nur mit Subventionen am Leben zu erhalten war. Die Berliner, die blieben oder bleiben mussten, kauften sich ein Wochenendhäuschen am westlichen Ende der Interzonenautobahn, bei Hof oder nahe Hamburg, nur um wenigstens am Wochenende dem Inselsyndrom zu entkommen.

Die Stadtzeitung »Zitty« gab es auch damals schon. Das war der Katalog, in dem man auswählte, wie man den Abend verbringen wollte, Internet gab es ja noch nicht. Vielleicht erst einen Chopin-Abend, dann Kabarett und zum Ende noch einen Absacker in einer Eckkneipe am Ku'damm. Wichtig war eine Stadtrundfahrt zur Orientierung, die von einem netten Studenten geleitet wurde. Im Gegenzug wurden wir einem halben Tag politischer Bildung ausgesetzt, was überraschenderweise recht unterhaltsam war. Außer den üblichen Festpunkten einer Stadtrundfahrt im West-Sektor Berlins gab der Stadtführer uns nützliche Hinweise, wo man abends hingehen konnte (z. B. Schmalzbrot mit Zwiebel bei Mutter Leidecke in Kreuzberg) und was man besser unterlassen sollte (»Wenn ihr im Osten seid, dann keinesfalls Geld wechseln, wenn ihr von Unbekannten auf der Straße angesprochen werdet, das sind Fallen!«) oder wo die besten Szenekneipen zu finden waren und mit welcher S-Bahn man da hinkam. Ich erinnere mich an die Neubauten bei der Durchfahrt durch das damals neue Märkische Viertel (»ein sozialer Dampfkochtopf der Zukunft«), den Blick über die Mauer am Potsdamer Platz und die traurig-kaputte

Szenerie vor dem Brandenburger Tor. Nicht weit vom Brandenburger Tor stand eine finstere Ruine im neo-klassizistischen Stil inmitten einer ungepflegten Wiese – der Reichstag. Dahinter wieder Stacheldraht, Grenze, Mauer. Unser Stadtführer meinte, der Bau sei theore-tisch der Mittelpunkt von Berlin und wenn dereinst wieder alles zusammen käme, dann würde das Gebäu-de restauriert und zum Rathaus oder sonst etwas Wichtigem umgewidmet. Ich hielt seinen Gedanken-gang für eine reine Zukunftsillusion. Ich konnte mir nicht vorstellen, dass ich das noch erleben sollte und sogar eines Tages mit meiner Frau die Kuppel auf dem Reichstag als Tourist besuchen würde.

Ein anderes Erlebnis war der Besuch im Osten der Stadt. Es war erlaubt mit bundesdeutschem Pass oder Personalausweis, damals ein graues Heftchen, für ei-nen Tag über die Grenze in den Osten überzutreten, aber nur bis Mitternacht, nicht länger. Soweit ich mich erinnere, war es verpflichtend, einen kleinen Betrag an West-Geld in Ost-Mark (aus Aluminium) umzutauschen und dann alles ausgeben, denn der Rücktausch war ausgeschlossen. Es wurde uns von der Schule nahege-legt, einzeln und nicht in einer Gruppe über die Grenze zu wechseln. Also schlenderte ich mit meiner Freundin (immer noch Pauline) entlang der Stalin-Allee zur Mu-seumsinsel. Da ist die Erinnerung an eine Bahnstation, nicht weit von einem Museum, in der keine Bahnen mehr fuhren und die deshalb als Flohmarkt genutzt wurde. Ich hätte fast ein billiges, aber schwer rampo-niertes Saxofon gekauft. Dreißig Jahre später kam ich wieder durch den Bahnhof, Hacke'scher Markt, wie ich jetzt weiß, und erinnerte mich sofort, dass ich früher hier war. Die Keramik, jedes Fenster, jedes Gleis hatte sich eingeprägt, ich wusste genau, wo damals vor dreißig Jahren, die verschiedenen Trödelläden gestanden hatten. Ein perfektes *Déjà Vu*, erstaunlich.

Es ist wichtig und man muss es haben, das Abitur, denn man bereitete sich jahrelang darauf vor, endlich die Reifeprüfung zu bestehen, um die Prüfung für immer hinter sich zu haben. Das Abitur im Fach Mathematik hatten wir schon im Vorjahr absolviert, um uns jetzt auf die wirklich wichtigen Fächer zu einzustellen. Die Zeit um die Abiturprüfung war seltsam unwirklich. Nachdem wir dreizehn Jahre jeden Tag pünktlich in der Penne antraten, war jetzt auf einmal alles lockerer, freier, selbst die Eltern und Lehrer zeigten Anteilnahme und Verständnis für unsere stressige Situation. Man ahnte voraus, wie frei das Leben bald sein würde.

Mein Abitur war relativ einfach, in Deutsch eine Abhandlung über Bert Brecht, die mir eine gute Note einbrachte, Englisch ohne Probleme, Französisch – vorhersehbar – nur mit Hängen und Würgen und mithilfe dreisten Abschreibens von der Nachbarin. Bestanden. Kunst, eine Bleistiftzeichnung (Stillleben: Komposition Kerze mit Seestern), das nach vier Stunden abgegeben werden musste. Ging auch. Meine Zeichenlehrerin hatte es mir ausgeredet, eine Abiturarbeit in Fotografie abzuliefern. Sie meinte, dass alle, die es vorher versucht hatten, mit dem engen Zeitrahmen nicht zurechtgekommen waren und daher nur schlechte Noten eingefahren hatten. Ich glaube, sie hatte recht. Damit war auch dieser Abschnitt abgehakt, ich musste in keine der ach-so-gefürchteten mündlichen Prüfungen und hatte Zeit, mich unmittelbar auf die verschiedenen Feiern zum bestandenen Abitur vorbereiten.

Das bestandene Abitur wurde mit zwei Feiern begangen, beide grundverschieden: die eine mit Lehrern, die mit denen wir insgesamt ein gutes Verhältnis hatten, mit den Eltern und im dunklen Anzug, den ich mir extra für den Abend gekauft hatte. Merkwürdigerweise gab es keine formale Feier in der Schule, keine Zeugnisüberreichung und keine Ansprache vom Oberstudiendirektor vor dem Plenum. Derlei war in den 70er Jahren unpopulär und galt als muffig und gestrig. Die zweite, die alternative Feier, stieg im Wald in Zelten und einer Forsthütte mit Bier, Lagerfeuer, Gitarre und den anderen üblichen Attributen und dauerte drei Tage und drei Nächte. Es war nicht, wie man vielleicht annehmen könnte, ein wüstes Besäufnis, sondern ein relativ kultiviertes Zusammenkommen mit den Aspekten von *Love and Peace*, wobei *Peace* sowieso vorherrschte, für *Love* sorgten wir selbst. Es war wunderbares Wetter und die Nächte im Juni mild und sternenklar.

»Feste« Freundin ist ein relativer Begriff. Pauline versetzte mich unmittelbar nach dem Abitur, kurz nach den Feiern im Wald, und tauschte mich für einen Franzosen aus dem Schulaustauschprogramm ein. Die übliche Geschichte: »*It's a Common Tale, but true.*« Die Zeit davor, drei Jahre mit Ms. P., waren in jeder Weise unermesslich intensiv. Heute noch, wenn ich alte Bilder ansehe, laufen mir Schauer der Erinnerung über den Rücken. Unter ihren Fußstapfen schmolz der Asphalt und ihr Lächeln strahlte heller als die Sonne im Juni. Entsprechend tief und schmervoll war mein Absturz danach. Die passende Musik dazu wäre Peter, Paul and Mary: »*Don't think twice, it's alright.*«

Ende eines Zeitabschnittes.

Und? War es die Zeit wert, fünf extra Jahre im Gymnasium? Hat das was gebracht? Ich glaube schon. Dank einiger außerordentlicher Lehrer habe ich gelernt, richtig zu denken und vieles kritisch zu hinterfragen. Ja, die Sprachen waren auch nützlich, wenn ich von den fünf vergeudeten Jahren Latein absehe. In meinem Berufsleben haben mir ein bisschen Sinus und Tangens und etwas Physik öfter die sprichwörtliche Reisschale gefüllt als das verhasste Latein oder französische Literatur. Ich frage mich heute, wozu das Wissen um deutsche, lateinische und griechische Versmaße gut war, wann im Leben hätte mir die fundierte Kenntnis des jambischen Fünfhebers einen Vorteil verschafft? Eben! Ausgleichsrechnung und Statistik im Curriculum wären wichtiger gewesen. Dazu anderes, das zunächst wesentlich erschien, aber nie wieder gebraucht wurde: Stenografie, Kurzschrift war so ein Fach. Oder ein Kurs in Schaltelektronik, in dem wir AND- und NAND-Gatter, die Urbausteine der Computerei, mit Klötzchen aus dem Baukasten zusammensteckten. Unser Gymnasium hatte keine Schulküche, keine Werkstatt und von daher war das Angebot an freiwilligen Nachmittagskursen begrenzt.

Ego-Trip

Es war meine zweite Urlaubsfahrt nach Frankreich. Um es kurz zu machen: Wir waren einige Leute aus der Teestube, der Urlaub war lange geplant, aber dann, einer nach dem anderen, konnte nicht, wollte nicht oder hatte andere Gründe, nicht mitzufahren. So fuhr ich schließlich alleine mit meinem alten Käfer durch die Eifel, Luxemburg und jeden Tag ein Stück weiter nach Westen, zeltete, wenn es Abend wurde und hatte viel mit mir selbst zu tun. Es Zeit kostete Zeit, jeden Tag das Zelt auf- und abzubauen, zu kochen und abzuspülen und die anderen Haus- bzw. Campingarbeiten zu verrichten.

Ein wesentlicher Teil meiner Urlaubsausrüstung war ein Zeichenblock und ein Kasten mit Aquarellfarben. Ich war auf einem Zeichen- und Maltrip. Aquarellfarben waren erschwinglich und unterwegs leichter zu verarbeiten, anders als die klassischen Ölfarben, für die man gleich eine halbe Werkstatt mitschleppen muss.

Ein Teil meines Urlaubsplanes war es, eine Brieffreundin in Vernon zu besuchen. Laurance war ihr Name. Vernon ist die französische Partnerstadt von Kissingen, das ist einfach erklärt. Die Brieffreundin war eine Dame, die zwei Jahre zuvor mit ihrer Klasse im Schüleraustausch für ein paar Wochen in unserem Gymnasium war. Wir sahen uns oft, hatten aber nie die passende Gelegenheit, persönliche Worte miteinander zu wechseln, geschweige denn das zu tun, was man gemeinhin meint, wenn man sagt »eine Beziehung vertiefen«. Unsere Augen trafen sich oft und wir waren uns bewusst, dass wir etwas hatten, das weiter reichte oder weiter reichen könnte, *unfinished business*, sozusagen. Es entwickelte sich eine Brieffreundschaft der besten Art, geistreich, romantisch (»*partir, c'est mourir un peu ...*«), vielseitig, alles was man in dem Alter, um die zwanzig Jahre alt, gemeinhin so schreibt. Damals, mangels digitalem Zeugs, handschriftlich auf getöntem Briefpapier, in gefütterten Umschlägen und mit ausgesuchten Briefmarken mit Blumen- oder Vogelmotiven (Tauben waren wegen ihrer Symbolik ein bevorzugtes Motiv). Briefe hatten den großen Vorteil, dass man sich mit einer Antwort Zeit lassen konnte und nicht unter dem Zwang stand, jede Minute auf SMS, Facebook oder WhatsApp reagieren und etwas Sinnvolles von sich zu geben.

Die Stationen der Reise sind schnell zusammengefasst. Paris, dann Vernon, weiter an den Atlantik, wo ich in Honfleur an der Mündung der Seine in strömendem Regen tagelang zeltete, später in der Bucht von Saint Michel. Auch Regen. Weiter nach Süden, vorbei an Nantes, durch das Tal der Loire und noch mal nach Paris. Dann weiter nach Deutschland, nach Hause. Dazwischen Übernachtungen an Orten, die nicht wichtig waren und die ich inzwischen vergessen habe. Nach Honfleur, an der Mündung der Seine, kam ich durch den Hinweis eines Freundes, dass es da recht romantisch und malerisch zugehe. Es ist in der Tat eine schnuckelige, kleine Stadt mit einem winzigen Fischerhafen mitten in der Stadt, wo sonst ein Marktplatz hingepasst hätte. Es ist wichtig anzumerken, dass die Gezeiten dort mehrere Meter Tidenhub haben. Ich lebte mit dem Puls der Gezeiten, auch nachts, es war einfach zu stark, um es zu ignorieren. Gemalt habe ich in Honfleur nichts, was erhaltenswert gewesen wäre. Es war zu kalt, zu viel Regen, zu starker Wind und eindeutig nicht die richtige Situation, um mit dem Block und dem Malkasten ins Freie zu gehen.

Ach ja, Laurance, die Brieffreundin, diese kosmische Energiequelle, Grund der weiten Reise in den Westen, dahin wo die Sonne untergeht? War nichts! Ich war bei ihr zu Hause in Vernon, einem verschlafenen Provinzstädtchen an der Seine, unangekündigt, an irgendeinem späten Nachmittag an irgendeinem Werktag im Sommer, klopfte an der Haustür und traf ihren Vater. »Nein, Laurance ist nicht da, sie ist gerade kurz weggegangen. Wollen nicht Sie reinkommen und auf sie warten?« – nein, das wollte ich nicht. So endete alles ohne ein richtiges Ende. Ich habe mich nie wieder umgedreht und sie hat es mir nie verziehen, dass ich nicht wenigstens eine Stunde gewartet habe oder am nächsten Tag noch mal vorbeigeschaut habe, so schrieb sie mir. Einmal.

Paris, die letzte Station meiner Reise war nicht schön, aber eindrucksvoll. Es ist schwer zu sagen, was und warum, denn auf den ersten Anschein ist Paris eine große Stadt voll mit arroganten Menschen, verrückten Autofahrern, Museen, romantischen Winkeln und teueren Gaststätten. Ich glaube, das Faszinierende an Paris ist, dass jedes Eck, jeder Ausblick, eine Geschichte hat, die man nur weiterzudenken braucht, um sich den ganzen Tag lang zu unterhalten. Ich war alleine in Paris, tagelang, ohne mit einem Menschen zu reden, aber doch dabei, im *Flow*. Ich habe mich nicht alleine gefühlt, sondern erlebte und genoss die Situation eher bewusst. Ich saß tagelang vor dem Notre Dame und beobachtete Touristen oder plapperte mit Hippie-Mädchen, die dort Geld schnorrten.

Essen gab es aus *Fast-Food*-Buden im Quartier Latin. Tunesische Brötchen (*casse croûte tunisien*) waren in Mode, Thunfisch aus der Dose, scharf gewürzt und lecker. Die Nächte verbrachte ich im Zelt auf einem Campingplatz im *Bois de Boulogne*, dem Stadtpark von Paris. Der Zeltplatz war matschig, ohne Gras und mit Pfützen von Regenwasser vor dem Zelt. Die Musik dazu wäre Dalidá, eine französische Sängerin mit dem Lied »*Le jour où la pluie viendra*«. Der Song ist zwar zehn Jahre älter, passt aber gut zu den beschriebenen Umständen.

Gleichfalls im *Bois de Boulogne,* das schönste Klohaus in meinem Leben, in dem ich je die Freude gehabt habe, meine Notdurft verrichten zu können. Ja, es hat etwas mehr gekostet, ein paar Franc. Man stelle sich einen gepflegten Pavillon im *Art déco*-Stil vor, ähnlich den alten *Métro*-Stationen aus dem Jahr 1900. Darin ein weiträumiger Empfangsbereich mit schwarz-weißen Bodenfliesen im Schachbrettmuster, der von einer freundlichen Dame dominiert wurde. Sie trug ein hell- und dunkelblau gestreiftes Kleidchen mit weißer Schürze und Häubchen, ähnlich einem *fin-de-siècle*-Dienstmädchen aus gutem Haus. Helles Licht fiel durch die Butzenfenster auf einen großen Strauß frischer Schnittblumen. Ob ich duschen wolle oder nur ..., fragte sie. Sie zeigte mir meine Nasszelle, eine Stube von der Dimension eines kleinen Hotelzimmers und legte mir zwei frische Handtücher und Seife darin zurecht. Drinnen wieder ein Blumenstrauß, ein gusseisernes Lavoir (stilrichtig auch *Art déco*), Toilette, Bidet, Spiegel und Wohlgeruch. Von irgendwo kam leise klassische Musik. Nach Erledigung des Notwendigen empfing mich die Dame mit einer Kleiderbürste, mit der sie ganz ernsthaft meine Jeans und mein Hemd von Staub befreite. Sie verabschiedete mich herzlich, nannte mich *Monsieur*, hielt mir die Tür und wünschte mir von Herzen einen schönen Tag, nicht ohne mich vorher noch mit dem *eau de toilette* meiner Wahl von ihrem Tischchen frisch zu machen. – Warum kann es nicht immer so sein?

Die gesamte Reise war ein Ego-Trip, alleine mit mir und für mich. Selbstfindung. Kein Bekannter, kein Mensch zur Unterhaltung, von einigen flüchtigen Begegnungen abgesehen. Mein Reisebericht mag traurig, einsam und depressiv klingen. Ich fand die Reise wertvoll, um zu lernen, zu mir selbst zu kommen, es war vielleicht auch ein Stückchen des imaginären Erwachsen-Werdens. Ein positives Erlebnis und ein schöner Sommer.

Studium und Beruf

Studieren — aber was?

Das Abitur in der Tasche, Geld in der Hand, denn ich arbeitete wieder einen Sommer lang im örtlichen Fotoladen. Sommerurlaub zu Ende. So, und was jetzt? Studieren vielleicht, ja recht wahrscheinlich sogar. Was interessiert mich? Eigentlich alles! Hier ein paar angedachte Ideen:

Maschinenbau? Fachrichtung Druckmaschinen. In Darmstadt. Prospekte besorgt, Korrespondenz begonnen. Dann verworfen. Aus der Sicht von heute, dreißig Jahre später, die richtige Entscheidung. Jetzt, als ich dies hier in den Computer tippe, ist das »Drucken auf Papier« schon gestrig, retro und unbestreitbar ohne Zukunft.

Journalismus. Ah, – da bräuchte man erst mal ein Volontariat bei einer Zeitung. Möglich, spannend, aber dann – aus reiner Faulheit – gestrichen.

Wirtschaft, BWL/VWL oder so was? War ja belehrend beim Jobben im Fotoladen, was von Mischkalkulation zu lernen. Sollte man das weiter vertiefen? Geld an sich ist eine langweilige Sache. Es ist unterhaltsam, es für etwas auszugeben, was man besitzen will, aber Geld als Lebensinhalt ist für mich tödlich langweilig. Also besser nicht.

Irgendwas mit Sprachen, in Paris, ein paar Semester an der Sorbonne? Angedacht, ach, Paris ist ja so bezaubernd, insbesondere im Frühherbst, im Urlaub. Selbst eine Korrespondenz in Französisch anzufangen, überstieg bei weitem meine fremdsprachlichen Fähigkeiten. Also vielleicht doch lieber nicht. Außerdem mochte ich Französisch gar nicht so sehr. In Retrospektive eine gute Idee, es lieber bleiben zu lassen.

Medizin? Ja! Naturwissenschaften, Status, Einkommen. Wird immer gebraucht. Resultierend daraus habe ich mich in die Warteliste eingetragen. Warteliste, weil mein Abitur nicht gut genug war, um gleich zum Studium zugelassen zu werden. Da hatte ich den Mist: zu viel Party, zu viel Spaß im letzten Schuljahr und deswegen den *Numerus clausus* für das Medizinstudium versemmelt. Stimmt. Aber ich habe es nie bereut und würde es heute wieder genau so machen. Nach vier Semestern des Wartens bin ich zu der Einsicht gekommen, dass mein Charakter nicht belastbar genug ist, um mein ganzes Leben lang mit kranken oder sterbenden Menschen und ihren trauernden Angehörigen umzugehen. Nach zwei Jahren auf der Warteliste für ein Medizinstudium und schon im Vordiplom in Geologie, habe ich es aufgegeben, mich weiter jedes Semester per Brief in die Warteliste einzutragen.

Lehramt. Was war mit Lehrer? Dass es bei mir niemals zum Musiklehrer und schon gar nicht zum Sportlehrer reichen würde, war mir immer klar. Aber es gab ja bequeme Fächer wie Geschichte, Erdkunde, Sozialkunde oder Biologie? Wird man denn wirklich aus tiefer innerer Berufung Geschichtslehrer? Oder nur, weil man ein Zweit-Fach braucht? Na also! Englisch könnte ich ja vielleicht ganz gut. Dazu Erdkunde?

Die ersten Semester

Die allererste Vorlesung in meinem gerade beginnenden akademischen Leben war in Jura! Jura im Nebenfach war ein Teil des Curriculums für Betriebs- und Volkswirtschaft. Ach, was war ich aufgeregt, den richtigen Hörsaal zu finden, rechtzeitig da zu sein, Schreibblock und Kugelschreiber zu zücken, um die Weisheiten des Professors für immer festzuhalten und schwarz auf weiß nach Hause zu tragen. Es war sogar ein wenig anregend, aber nicht das, was ich mein Leben lang machen wollte. Meine zweite Vorlesung war grauenhafter, einen Tag später: Buchführung. Es dauerte genau die eineinhalb Stunden Vorlesung, in denen mir klar wurde, dass ich in meinem weiteren Leben keine Zeit, keine einzige Stunde mehr mit dem Kiki von Buchhaltung und Wirtschaftstheorie verschwenden würde.

Erdkunde, an der Uni akademisch vornehm Geografie genannt, war viel besser und in weiten Bereichen sogar faszinierend. Ein Semester Meteorologie war vom Allerbesten. Doch immer, wenn es in der Naturgeografie richtig spannend zu werden schien, sagten die Dozenten, das sei nicht ihr Thema, das wäre Geologie, da müsste ich in ein anderes Institut gehen. Es ist für mich immer wieder erhellend, wie spannend manche Themen und Probleme sein können, wenn man sich nur ernsthaft genug damit beschäftigt.

Es blieb bei einem Semester Englisch, ein paar Seminare; immerhin bestand ich alle Scheine, die für das erste Halbjahr vorgeschrieben waren. Als Unterfranken bekamen wir in den ersten zwei Semestern wegen unseres problematischen Dialektes (z. B. *Broleddariad* anstatt Proletariat) einen Bonus, eine Art von Handicap für unsere Aussprache. Mit dem Inhalt, der englischen oder amerikanischen Kultur in der Form von sprachlichen Kunstwerken, poems und short stories konnte ich nichts anfangen. Die Englischseminare mit Literatur im Titel waren eine Qual. Ich bin halt ein unsensibler Knorz, der kein Rädchen, keine Antenne für solchen literarischen Feinsinn hat.

Meine Studentenbude bestand aus einem möbliertes Zimmerchen mit Blick auf Hecken und eine Bundesstraße in einer Vorstadt von Würzburg und lag im falschen Stadtteil, denn um dahin zu kommen, wo meine Seminare und Vorlesungen stattfanden, musste ich lange mit dem Bus und der Straßenbahn durch die Stadt fahren. Ich hatte eine Kochplatte, ausreichend, um Kaffee zu aufzubrühen oder eine Nudelsuppe heißzumachen. Die Dusche war eine Etage tiefer. Ich hatte ein Konto bei der Sparkasse, auf dem mein BaföG-Stipendium, damals 563 Deutsche Mark im Monat, eingehen sollte. Das Geld kam immer erst Monate nach dem Antrag auf meinem Konto an, mit der Folge, dass das Konto ständig einen negativen Saldo aufwies. Und so war jedes Jahr in der Zeit von September bis Dezember nichts los, kein Geld. Das kam dann, wenn alles glücklich vonstattenging, auf einmal kurz vor Weihnachten, manchmal erst später im Januar.

Da ich täglich stundenlang mit dem Bus unterwegs war und dabei ein paar Mal umstieg, war ich von dem abendlichen, angeblich so wilden Studentenleben abgeschnitten, da lief nichts mit sozialen Kontakten. Das erste Semester, ein Wintersemester, war mühsam, trist, einsam und ohne eine klare Richtung. Der einzige Lichtblick waren zwei Mädchen aus meiner Abschlussklasse, mit denen ich zwar zu Schulzeiten kaum zu tun hatte, die aber jetzt eine angenehme Gesellschaft bildeten. Die eine war fest liiert, ihr Freund bei der Bun-

deswehr. Die andere wechselte ihre Freunde fast wöchentlich. So war es zwar einerseits recht schwer, immer auf dem Laufenden zu bleiben, andererseits hatten
wir so jede Menge Gesprächsstoff, wenn wir in der Cafeteria der Hauptmensa zu Croissants, Kaffee und
Tratsch zusammenkamen. Mein Lebensmittelpunkt
war immer noch Kissingen, wohin ich jedes Wochenende heim fuhr, mal mit als Mitfahrer bei Schulfreunden,
mal mit der Bahn, selten mit dem Auto, denn der alte
VW-Käfer blieb als Familienkutsche meist bei meinem
Bruder in Kissingen.

Die Studenten des ersten Semesters wurden immer
von allerlei Verbänden umgarnt, zum gemeinsamen Essen und Bier eingeladen und dann zum Eintritt in die
jeweilige Vereinigung gedrängt. Darunter waren politi-
sche Gruppen, ungemein lautstark die Formationen mit
kommunistischer Affinität, häufiger aber klassische
Studentenverbindungen, die sich allesamt an die Fah-
nen geheftet hatten, deutsches Brauchtum und ge-
wachsene Traditionen zu pflegen. Aua! Aus anderer
Sicht: Die ewig Gestrigen. Manche pflegten noch die
Tradition sich mit dem Degen zu duellieren und dabei
gegenseitig absichtlich zu verletzten, andere beließen
es bei wöchentlichen Saufereien mit Anwesenheitspflicht. Allein um der Monotonie meines grauen Win-
tersemesters zu entkommen, und wider besseres Wissen, folgte ich zwei solcher Einladungen und erwarb
mir so Zugriff auf ein warmes Abendessen. Eine der
Corporationen war so freundlich, mir eine Tischdame
beizuordnen, die mich den ganzen Abend mit leerem
Geplapper zu unterhalten suchte. Immerhin Damenge-
sellschaft. Manche Verbindungen schlossen weibliche
Anwesenheit bei ihren Abenden grundsätzlich aus.
Nicht lustig. Der Vorteil des corporierten Studentenle-

bens, so warb man, sei eine kostenlose Studentenbude, Unterstützung beim Studium (welche?) und Hilfe bei Berufswahl und Karriere. Nein, Corpsleben und Burschenschaften waren nichts für mich. Ich vertrat (wie Mark Twain) die Auffassung, dass ich keiner Organisation beitreten wolle, die »solche, wie mich« aufnimmt.

Geologie?

Durch Glück und Zufall traf ich im Laufe des ersten Semesters einen Klassenkameraden in der Mensa, der ursprünglich vorhatte, Sport oder wenigstens Meeresbiologie in Kiel zu studieren, sich aber dann im Institut für Geologie wiederfand. Das sei ja nicht viel anders als Meeresbiologie, meinte er, »nur halt ohne Wasser.« Er erzählte von der kleinen Studentenzahl in seinem Fach, gerade fünfzehn Studenten im ersten Semester. In BWL/VWL waren es Hunderte, die sich für die Anfangsvorlesungen in den Hörsaal zwängten und auf Treppchen und Gängen den Ausführungen des Herrn Professors lauschten. Er erzählte, dass man mit den Dozenten wöchentlich nach dem Kolloquium zum Bier ginge und überhaupt sei es ein großartiges Fach und ein cooler Haufen. Er hat bei mir offene Türen eingerannt. Noch in der gleichen Woche saß ich im Anfängerseminar für Geologie. Dort bekam man jede Woche einen Kasten mit einem Dutzend Steinbrocken mit der Aufgabe sich dazu kluges Zeug zu merken und aufzuschreiben (»Aha, ein Sandstein!«). Mir hat es Spaß gemacht, aber genau wie ich von der Wirtschaftswissenschaft angewidert war, gab es Kommilitonen, die mit den »toten Steinen«, wie sie es nannten, nichts anfangen konnten, schon gar nicht für ein ganzes Leben. Sie warfen das Handtuch und wurden nie mehr wieder im Institut gesehen. In Anbetracht, dass beide Fächer naturwissenschaftlich ausgerichtet sind, fand ich Geologie stets besser als Medizin. Anstatt mit kranken Menschen sorgfältig umzugehen, konnte ich meine Steine mit dem Hammer bearbeiten, zersägen oder ein Jahr unbeachtet in eine dunkle Kiste legen. Das alles geht bei der Medizin nicht so gut.

Die Studenten der Naturwissenschaften, also die angehenden Mediziner, Biologen, Zahnmediziner, Chemiker, Physiker, Pharmazeuten und so weiter, hatten gemeinsame Vorlesungen in Chemie und Physik. Man traf wieder alte Klassenkameraden, schloss neue Bekanntschaften, vor allem mit den Biologen, deren Institut im nächsten Gebäude zu Hause war.

Der *alte* Campus am Röntgenring war eine ganz andere Welt als der neue Campus am Hubland oder an der »Neuen Uni«, die eigentlich das alleralteste Gebäude der gesamten Universität war und Religion, Jura und Wirtschaft beherbergte. Am Röntgenring lebten die Naturwissenschaften, Leute, die mit weißen Kitteln über die Straße gingen oder in die winzige Schweinemensa, eine Zweigstelle der Hauptmensa, eine Baracke, die besser war, als ihr Name. Man sah allerlei seltsame Geräte durch die Fenster der Institute. In der Barackenmensa hörte man faszinierendes, aber meist unverständliches Fachsimpeln (»Kommst du heute Abend zur Elektrophorese?«).

Der Höhepunkt des Campus am Röntgenring waren die Hörsäle für Chemie und Physik. Alt, aber ergreifend schön. Hier war die Geschichte der Wissenschaft fühlbar, und in der Tat hatte schon der Herr Conrad Röntgen (der mit den Strahlen) im Hörsaal für Physik gelehrt. Eine Tafel, eingelassen in der Außenwand, gab Zeugnis davon. Ich fand die Atmosphäre eindrucksvoll.

Ähnlich imposant war der Hörsaal für Chemie, in dem man wegen der knarzenden Holzpulte und Bänke nur wenig von der Vorlesung verstand.

Der *neue* Campus lag auf einem Berg am Stadtrand, dem Galgenberg, und bestand einem weitläufigen Neubaukomplex, an dem immer noch weitergebaut wurde. Die ersten Institute dort oben am Galgenberg (auch Hubland genannt) waren mit Englisch- und Französischstudenten, Geografen, Germanisten und ein paar einsamen Mathematikern befüllt. Entsprechend war das Ambiente. Schnatternde Lehramtsstudentinnen waren in Mengen und zu jeder Tageszeit in der Cafeteria zu anzutreffen, außer abends. Während der Campus am Röntgenring bis in den Abend betriebsam war und Seminare liefen, war am Hubland um sechs Feierabend. Man traf sich zum Wein oder im Café oder in der berüchtigten Disco, dem Studentenkeller, unter der Mensa. Später dann, als der Ausbau weiter fortschritt, zogen die Physik, Chemie und andere Institute zum Galgenberg und ich hatte mehr und mehr dort zu tun, mal im Rechenzentrum, mal beim Chemiepraktikum, stolz im weißen Laborkittel. Das Gebiet, ehemals eine Obstplantage, war an den Stellen, wo noch die Bäumchen standen, ein willkommener Platz für Sommer- oder Semesterabschlussfeiern. Das Eis zum Kühlen der Getränke wurde dann aus dem Institut für Organische Chemie organisiert.

Unser altes Geologisch-Paläontologisches Institut, am Röntgenring, war ein schnuckeliger Bau aus dem Jahre 1903, altmodisch, heimelig und allseits beliebt. Über dem Eingang hingen naive Fossilien und Quarzkristalle aus Sandstein gehauen, Sachen, die niemals zusammen in der Natur vorkommen, aber hübsch aussehen. Die Decken im Treppenhaus und im Hörsaal waren mit kindlichen Stuckarbeiten verziert, die irgendwelche Saurier in ihrem Biotop darstellten. In der Bibliothek führte eine steile, enge Wendeltreppe aus Gusseisen in die obere Abteilung, eine Konstruktion, die heutzutage aus Sicherheitsgründen nicht mehr erlaubt wäre. Das Gebäude hatte etwas, das es liebenswert machte. Im Laufe vieler Semester hatten manche Räume einen Bier- oder Weingeruch angenommen, denn da wurden Diplomabschlüsse und bestandene Doktorprüfungen gefeiert, so war das Ritual.

In unmittelbarer Nachbarschaft unseres Instituts lag der Schlachthof (heute ein modernes Hotel), wo die Biologen aus dem nächsten Haus schon mal ein paar frische Ochsenaugen oder eine Thermosflasche warmes Blut für ihre Kurse und Experimente schnorrten. Hinter dem Institut stand die ehemalige Nervenklinik und in den Gassen gegenüber, in der »Pleich«, gingen die letzten Sexarbeiterinnen der Stadt abends ihrer Arbeit nach, bevor ihr Gewerbe in ein steriles Industriegebiet am Stadtrand vertrieben wurde. Das Institut war in vieler Weise meine und unsere Heimat in der Stadt, obwohl wir natürlich auch in anderen Häusern und Instituten zu tun hatten.

Das Vordiplom in Geologie war eine Schinderei, dazu musste ich viel Wissen reinschaufeln. Geprüft wurde mündlich in vier Fächern: Chemie, Physik, Mineralogie und Allgemeine Geologie. Physik konnte ich, für das Fach Geologie musste ich einiges pauken, Mineralogie auch, aber der richtige Hammer war die Chemie. Ich hatte mein Chemielehrbuch immer und überall dabei und las jede freie Minute darin herum, was aber nichts half, die Chemie war für mich mühsam und passte nicht in meinen Schädel. Als ein Kommilitone fragte, ob ich dieses oder jenes Thema schon vorberei-

tet hätte (»Hast du schon das mit der Lanthanidenkon-
traktion durchgearbeitet?«), liefen mir eisige Schauer
über den Rücken, ich verstand nicht mal die Frage.
Entsprechend verlief die Prüfung zum Vordiplom, die
formale Genehmigung, im gewählten Fach weiter zu
studieren. Wie erwartet liefen die Prüfungen alle recht
anständig – bis auf die Chemie. Der Professor für anor-
ganische Chemie war angeblich ein Genie, Alkoholiker
und ein bekannter Spezialist für Schwefelverbindun-
gen. Er war verzweifelt, half mir hier und da, aber es
war hoffnungslos, ich wusste einfach nicht genug und
was ich wusste, war falsch. Am Ende drückte er alle
Augen zu und gab mir eine gnädige Vier mit dem Kom-
mentar: »Sie bestehen diese Prüfung nur deshalb, weil
Sie als Nebenfächler (Geologie) sowieso hier nie wieder herkommen und weil heute ein außergewöhnlich
heißer Tag ist.« Immerhin bestanden. Später fragte
niemand mehr nach meiner Vordiplomnote in anorga-
nischer Chemie.

Das Leben in der Studentenstadt Würzburg ist im
Winter kalt, nass und trostlos, im Sommer dagegen le-
benswert, mediterran und voll von Zerstreuungen, mit
der Folge, dass es nicht einfach ist, im Sommersemester die Richtung und das Ziel im Auge zu behalten.
Sommer bedeutet für den Studenten der Geologie auch,
dass die Tür zum Gelände wieder offen ist. Der Begriff
Gelände weist darauf hin, dass man dort arbeiten
muss, ansonsten würde man es Landschaft nennen.
Schon im April finden die ersten Geländeübungen statt,
unkomplizierte Vermessungsarbeiten, kurze Exkursionen, vielleicht ein Kurs in Geophysik (tagelanges Her-
umzerren von Kabeln und Schleppen von Kabelrollen)
oder man fuhr mit Kommilitonen aus höheren Semestern ins Gelände und staunte in stiller Ehrfurcht, was

für tolle Einzelheiten sie in ihren Kartiergebieten erforscht und damit die Wissenschaft der Steinchenklauberei um einen fundamentalen Schritt vorangebracht hatten.

Die erste größere Exkursion führte nach Norddeutschland. Zehn Tage im Flachland und an der Küste. Anfänglich wollte der zuständige Professor mich gar nicht mitnehmen, denn ich hatte noch lange nicht alle Scheine beisammen, mein Wissen, den tieferen(!) Sinn der Exkursion zu verstehen, sei noch nicht angemessen. Aber nach langem Bitten und Betteln erlaubte er es mir, mit meinem eigenen Wagen (ein anderer alter VW-Käfer) mitzufahren, sofern ich einen weiteren Kommilitonen dort unterbrächte. Kosten waren nicht wichtig und wir schnorrten uns, soweit möglich, ein warmes Essen zusammen, zum Beispiel in der Mensa der Uni Kiel oder in der Kantine eines Zementwerkes (Oberkreide), das wir besichtigten. Warum sonst sollte man ein heißes und staubiges Zementwerk besichtigen? Andere Exkursionen gingen nach Südfrankreich (*Montagne Noire*, Paläozoikum) oder in die Normandie (Caen, Jura), in den Frankenwald (kalt, dunkel und geologisch irre kompliziert). Oder etwa näher in den Jura hinter Bamberg, die Heimat von Professor »Chuck«, der es verstand, aufschlussreiche Geologie und das Beste der Landschaft (süffiges Bier und schmackhaftes Essen) sinnvoll zu verbinden. Ein unvergesslicher Höhepunkt ereignete sich bei einer Exkursion in den Jura der Fränkischen Schweiz: An einem heißen Sommertag war es unsere Aufgabe, ein langes, steiles Bergprofil abzulaufen und dokumentieren, stundenlange Arbeit. Und dann, unvorhergesehen nach einer Wegbiegung in Niveau des Dogger-β-Sandsteines (diese Einzelheit ist wichtig!), in den man aufgrund seiner Eigenschaften leicht Tunnel und Höhlen graben kann – ein Bierkeller! Bänke, schattige Kastanienbäume und eine urige Brotzeit. Wir rollten unsere Zeichnungen auf den Biertischen aus, schrieben unsere Berichte – und waren glücklich.

Exkursionen sollten immer billig sein und deswegen fuhren wir mit dem institutseigenen VW-Bully-Bus und kampierten in Zelten vom Institut, die wie Requisiten aus einem Rommel-Afrika-Film aussahen. Entgegen landläufiger Annahme waren die Exkursionen nicht Lagerfeuerromantik mit Klampfe und Grillwurst, sondern ernsthafte Arbeit. Da mussten Protokolle erstellt, Berichte geschrieben, Profile gezeichnet und Proben eingesackt und beschrieben und dann im Institut wieder ausgepackt, sortiert, eingeräumt werden. Andererseits habe ich durch die Exkursionen im Studium und später im Beruf so viele schöne Stellen unserer Welt gesehen und erlebt, von denen ich sonst nie erfahren hätte. Das alleine hat das Studium schon gerechtfertigt. Ich weiß nicht mehr, wie viele Exkursionen ich mitgemacht habe. Insgesamt waren, soweit ich mich erinnere, fünfundvierzig Exkursionstage in der Studienordnung vorgeschrieben, um zur Diplomprüfung zugelassen zu werden.

Kastenpraktikum

Im Gegensatz zu den anderen Praktika war das ein praktisches Seminar und ein wichtiger Teil des Curriculums. Der Sinn des Kastenpraktikums bestand darin, Fossilien aller Art zu identifizieren und mit Namen zu benennen. Die Fossilien waren zu Hunderten in Kisten, Kästen und Schubladen des Paläontologischen Instituts verstaut, mussten dann auf den Tisch gelegt, beschrieben, befummelt und verstanden und nach ein paar

Stunden der wissenschaftlichen Betrachtung wieder dort eingeräumt werden, wo sie hingehörten. Ich verbrachte in diesem Sommersemester jeden Nachmittag im Institut, meist mit Kommilitonen, denn jede Woche war eine neue taxonomische Gruppe zu bearbeiten und jede Woche eine mündliche Prüfung zu bestehen. Dazu Buchwissen, Antworten auf Fragen: »Wie gehören die Gruppen zusammen?« Oder: »Benennen Sie alle Teile des Fossils von Kopf (*Cranidium*) bis Schwanz (*Pygidium*), sofern es sich um Trilobiten handelt?« Das waren Tiere, die im Würzburger Institut populär waren.

Was mich an dem Kastenpraktikum berührt hat, ist die Vielfältigkeit des biologischen Lebens und die unglaublich geniale Entwicklung der Evolution. Klar, ich weiß, dass die Evolution ein zufälliger und ungerichteter Vorgang ist. Evolution als solche hat kein Ziel; wir sehen nur die sinnvollen Ergebnisse, nicht aber die falschen Ergebnisse, die schnell aussterben oder von Anfang an nicht lebensfähig sind. Ich bin aber trotzdem tief erstaunt, wie eine so große Vielfalt innerhalb einer relativ kurzen Zeit und alleine durch zufällige Mutationen entstanden sein soll. Die paar Hundert Millionen Jahre sind aus der Sicht eines Geologen nicht lang. Bei diesem Gedankengang kam die Frage auf, ob die Evolution nicht doch gewissen Regeln folgt oder ob der »Große Meister« seine Hand im Spiel und an den Rädchen gedreht hat. Oder wie bei den Physikern, die ja immer felsenfest annahmen, dass die Gesetze der Physik immer und überall gelten und die Naturkonstanten konstant sind, aber wo jetzt neue, genauere Messungen die Spekulation zulassen, dass die Konstanten doch nicht konstant sind? Was soll man noch glauben? Das sind Fragen, auf die es noch (?) keine guten Antworten gibt, aber es zeigt, welche faszinierende Überlegungen ein Naturwissenschaftler anstellt. Und je weiter man nachdenkt, je mehr man versteht, umso aufregender und rätselhafter wird alles. Kurzum, ich bin froh, dass ich was »Richtiges« studiert habe, was mit Naturwissenschaften, und nicht ein Lehramt oder ein Fach der Geisteswissenschaften, zu dem sich die Leute die Regeln und Gesetze ihrer Wissenschaft selber stricken.

Praktika, Arbeit

Erika, das Mädel, das meine Frau und die Mutter meiner Kinder werden sollte, arbeitete in demselben Laden, dem Fotogeschäft, in dem ich in den Ferien und Semesterferien Geld dazuverdiente. Sie war Dekorateurin, richtiger Schauwerbegestalterin, so heißt das offiziell. Sie gestaltete unter anderem die Schaufenster der Fotoabteilung und so sah ich ihr oft im Fenster bei der Arbeit zu, klopfte auch mal an die Scheibe um ihre Reaktion zu beobachten. Es ist ja eine uralte Geschichte, dass sich Männlein und Weiblein am Arbeitsplatz kennenlernen. So auch hier. Nur lag in unserem Fall zwischen dem ersten Ansprechen (»Wollen wir mal zusammen auf einen Kaffee weggehen?«) und dem ersten richtigen *Date* ein ganzes Jahr. Der erste Abend war ein Mittwoch in einer leeren Dorf-Disco. Ein bisschen Musik, ein paar *Softdrinks*.

Sommerhausen

Erika hatte ihre Stelle in dem Fotoladen, in dem wir uns zwei Jahre vorher kennengelernt hatten, aufgegeben, um Karriere zu machen oder wenigstens besser zu verdienen. In ihrem neuen Beruf musste sie vier Städte in Nordbayern im Wechsel von einer Woche besuchen, um dort die Werbung im Sinne der Firmenzentrale in die richtigen Bahnen zu lenken. Drei Wochen unterwegs, in Mittel- oder Oberfranken, dann eine Woche in der Basis Würzburg.

Eines schönen Herbsttages im späten September kamen wir auf die Idee, in eine gemeinsame Wohnung zu ziehen. Die erste halbwegs passende und bezahlbare Wohnung, die in der Samstagszeitung inseriert wurde, war eine Dachwohnung in Sommerhausen, die wir am gleichen Tag besichtigten und anmieteten. Warum die Eile? Ich weiß es nicht mehr.

Sommerhausen ist ein romantisches Weindorf zwölf Kilometer südlich von Würzburg. Es hat eine gut erhaltene Stadtmauer, alte Häuser aus Naturstein, Türmchen und Tore, kurzum es ist ähnlich alt und pittoresk wie, zum Beispiel, Rothenburg ob der Tauber oder Heidelberg. Die Romantik ist weniger romantisch, wenn es im November kalt und nass wird und – wie in unserer Dachwohnung – der Wind durch die Fensterritzen pfeift und die Heizung nicht mehr gegen die Kälte ankommt. Im Herbst, wenn die Schlepper mit der Zuckerrübenernte über die nassen Straßen tuckerten, oder im Winter, wenn man knöcheltief im Schneematsch auf den verspäteten Bus nach Würzburg wartete, dann war Sommerhausen gar nicht romantisch. Während unserer Zeit in dem Dorf, fuhr der gesamte Verkehr der Hauptstraße (Bundesstraße 13, Würzburg – Ulm) mitten durch das Dorf über Kopfsteinpflaster und durch zwei mittelalterliche Stadttore (eines davon mit dem Theater), das alles unmittelbar neben unserer Dachwohnung. Einmal fuhr ein amerikanischer Panzer im Herbstmanöver durch das Tor und brauchte die ganze Nacht, um wieder herauszukommen. Inzwischen ist die enge Ortsdurchfahrt der B13 durch eine Umgehungsstraße ersetzt und Sommerhausen hat sich von dem

Weinbauerndorf, das es einmal war, zum Schickimicki-Nest gewandelt, in dem die reichen Leute aus Frankfurt (man sieht es an den Autokennzeichen) ihre Wochenendwohnungen haben. Ich bin glücklich darüber, dass ich die Gelegenheit hatte, das Dorf und seine Umgebung früher kennenzulernen. Es war eine gute Zeit, obwohl ich das damals nicht verstanden habe.

Sommerhausen war in Bayern weithin bekannt, da dort das kleinste Theater (etwa 35 Zuschauerplätze) des Landes stand. Es befand sich in dem Torbogen der Stadtmauer, gegenüber unserer Wohnung und wurde von einem verrückten, aber hochmotivierten Italiener namens Luigi Malipiero gegründet. Seine Witwe vermietete die Wohnung gegenüber des Theaters, ein Haus mit insgesamt drei Etagen und ungefähr drei Mietparteien. Im Erdgeschoss zwei Musikstudenten (Kontrabass und Klavier), im zweiten Geschoss eine WG-Rock-Band mit Lehramtsstudenten. Unter dem Dach ein Student der Geologie mit seiner – damals noch – Freundin. Die Dachwohnung hatte eine befremdliche, süßliche Ausdünstung, die monatelang nicht zu vertreiben war, obwohl ich viel Zeit damit verbrachte, alles neu zu anzustreichen (sonnengelb im Wohnzimmer) und wir den Teppichboden mehrmals abschäumten. Man munkelte, dass der alte Malipiero sein Leben in dieser Dachwohnung ausgehaucht hätte und in der Tat hatten die Zimmer etwas beunruhigend Gespenstisches. Dafür gab es ein Klavier, das Teil des Mobiliars war.

Sommerhausen und die Heimstatt dort umfassten eine Mischung von Musik, Studentenleben, Kunst und Theater und gleichzeitig den provinziellen Mief eines fränkischen Bauerndorfes. Im Erdgeschoss, wo die Musiker wohnten, war die ehemalige Mitternachtsbühne, noch kleiner als das eigentliche Theater, mit zehn oder zwölf Sitzplätzen. Ein paar Mal im Jahr luden uns die Musiker zu tollen Hauskonzerten ein, die noch schöner klangen, weil Haschzigaretten die Runde machten. Die Konzerte waren meist eine Art Generalprobe, mit der sich die Musikstudenten auf ein Prüfungskonzert vorbereiteten. Als lebender Kontrast zu unserem »Studentenhaus«, das sogar einmal von der Polizei wegen Terrorismusverdacht umstellt wurde, wohnte im Nachbarhaus ein miesepetriger Polizist, der an unseren beiden alten Autos (darunter wieder ein schrottiger VW-Käfer) wegen Kleinigkeiten (kaputter Auspuff, abgefahrene Reifen) Strafzettel unter die Scheibenwischer klemmte.

Sommerhausen hatte vier Wirtshäuser, zwei davon nannten sich Weinstuben. Zwei wurden immer von den Einheimischen besucht und die beiden anderen waren meist voll mit Touristen und Durchreisenden. Im Spätsommer feierte der Ort ein Weinfest; einfach und gerade deswegen schön. Blasmusik, nicht zu laut, etwas zu essen, keine große Auswahl und Wein dazu. Es war praktisch für uns, dass wir vom Festplatz mit ein paar Schritten zu Hause waren, um schnell eine warme Jacke zu holen und dann noch einen Schoppen zu trinken und weil wir uns nicht um Promille und Auto zu sorgen brauchten.

Gusseisen

Ein kurzer Abschnitt, der schnell erzählt ist und nichts mit Geologie zu tun hat: Ich brauchte wieder Geld. Diesmal ganz klar, unbedingt und unaufschiebbar für die Anschaffung einer Klarinette. Ein Saxofon, das Traum-Holzblasinstrument, war finanziell nicht er-

reichbar. Ich bewarb mich um einen Ferienjob in einer
Graugussgießerei in Kitzingen. Dabei war vorher schon
klar, dass es harte Schichtarbeit sein würde, andererseits der schnellste Weg, um in kurzer Zeit Geld
zwischen die Finger zu bekommen.

Der Betrieb produzierte Kupplungsscheiben, Brems-
zylinder und andere Eisenteile für Traktoren und Lastwagen. Meine Arbeit bestand darin, die heißen Guss-
teile mit einem großen Hammer zu zertrümmern (erste Station), dann am Band zu sortieren (zweite Station), die Abfallteile mit einem Haken aus dem Strom
der verwertbaren Teile zu fischen und am Ende des
Bandes (dritte Station) die verschiedenen Rohlinge in
Kisten zu sortieren oder die schweren Kupplungsscheiben auf ein Gestell zu hängen, auf dem sie mittels
Sandstrahl gereinigt wurden. Fünfzehn Minuten am
Band, fünfzehn Minuten Pause (ein Schluck aus der
Thermosflasche, eine Zigarette), dann wieder zurück
ans Band. Die Kollegen waren ausländische Arbeiter
oder Bauern aus der Gegend, bei denen die Landwirtschaft nicht genug einbrachte.

Die Arbeit war laut und dreckig. Besonders wider-
wärtig war der schwarze Staub der Gussformen, der
alles, wirklich alles, durchdrang. Das ganze Werk, die
Dusche, alles war grau. Der Staub war noch nach Tagen in der Nase. Kleidung, Unterwäsche, einmal zur
Arbeit getragen, war nicht mehr zu gebrauchen. Außer
Handschuhen gab es keine Schutzmittel, keine Brille,
keine Staubmaske. Einmal bekam ich einen Eisensplit-
ter ins Auge und wurde mit Blaulicht in die Uniklinik
nach Würzburg gefahren. Ich hatte   unglaubliches
Glück, denn fast nichts war verletzt und ich wurde mit
etwas Salbe und einer schwarzen Augenklappe, wie ein
Seeräuber, nach Hause geschickt. Zwei Tage später, zu-

rück auf der Arbeit, waren die Kollegen erleichtert, dass nichts Schlimmeres passiert war. Der kleine Grieche, der mir den Splitter ins Auge geschossen hatte (bestimmt nicht seine Schuld), entschuldigte sich tausendmal, bis ich ihn in den Arm nahm und ihm versicherte, dass alles in Ordnung sei. Wirklich.

Nach acht Wochen hatte ich das Geld für die Klarinette zusammen, fuhr ins erste Musikgeschäft in Würzburg und kaufte »eine Klarinette und ein Lehrbuch dazu«, und fing zu Hause gleich an zu üben. Ich habe die Plastik-Klarinette immer noch.

Herbst 1977

Wieder einmal im Gelände, Spätherbst, ein Kartierkurs, diesmal im Jura bei Kehlheim an der Donau. Das Gebiet hatte unser Professor ausgesucht, erstens, weil er dort ein Haus hatte und zweitens, weil er in der Umgebung einen Krater suchte, verursacht von Asteroiden im Zusammenhang mit dem Nördlinger Ries-Impakt. Die Theorie ist gar nicht so abwegig, wie es zunächst erscheint. In der praktischen Realität des Geländes gab es andere Prioritäten. Das Gebiet war relativ flach und dicht bewaldet. Dazu kroch ein dicker Nebel von der Donau herauf, der tagsüber kaum dünner wurde, Sichtweite zwanzig oder dreißig Meter, eher weniger. Damit das mehr Spaß macht, wie der Prof sagte, waren wir alleine, einzeln unterwegs. Wir wurden aus dem Institutsbus am Rand einer Straße abgesetzt, die wir nie vorher gesehen hatten, versehen mit einer fotokopierten Landkarte, einem Kartenausschnitt ohne Rahmen, ohne Legende. Keine Dörfer, niemand, den man nach dem Weg fragen könnte. Orientierung in dem fremden Gelände war ein Problem, es gab noch kein GPS und ein Kompass ist im dichten Wald und im Nebel ohne Sicht völlig nutzlos. Die Minimalleistung war daher, wenigstens bis zum Abend wieder eine Straße zu finden, um mit dem Uni-Auto abgeholt zu werden oder selbst bis zur Herberge zu laufen. Weit war es ja nicht. Ohne Sicht bei Nebel im Wald ist es eine gute Prüfung des Selbstvertrauens.

Es war ein ungewöhnlicher Sommer, ein sonderbarer Herbst. Irgendetwas lag in der Luft, irgendwo war Unruhe:

Die Nacht zum 18. Oktober 1977 wird als Todesnacht von Stammheim bezeichnet. Während der Nacht begingen die inhaftierten Anführer der terroristischen Vereinigung Rote Armee Fraktion (RAF) Andreas Baader, Gudrun Ensslin und Jan-Carl Raspe in ihren Gefängniszellen in der JVA Stuttgart-Stammheim Suizid begingen. Irmgard Möller überlebte schwer verletzt. Das Ereignis war der Schlusspunkt des Deutschen Herbstes, in dem die zweite Generation der RAF versuchte, die inhaftierten Terroristen freizupressen. Als Reaktion wurde am selben Tag der von der RAF entführte Hanns Martin Schleyer ermordet.

Die beschriebene Stammheimer Todesnacht fiel ausgerechnet in unsere Zeit im Gelände. Wir Studenten, mit Palästinenser-Tuch oder Baskenmütze, wurden von den einheimischen Niederbayern argwöhnisch beobachtet und manchmal offen angefeindet.

Gips-Praktikum

Knauf Gips, das sind die Leute, die die Gipskartonplatten erfunden haben und deren Firmensitz in Iphofen ist. Iphofen ist für seinen Wein bekannt, weniger geläufig ist die Tatsache, dass dort, im Mittleren Keuper der Fränkischen Trias, Gips vorkommt und abgebaut wird oder wurde, denn die oberflächennahen Vorkommen sind längst erschöpft. Das Praktikum war einfach. Bei schlechtem Wetter blieb ich im Büro und wurde von einer dummen Sekretärin angeleitet, irgendwelche Karten auszubessern, eine Operation, die damals mittels Tusche und Rasiermesser vorgenommen wurde. Bei besserem Wetter lag Geländearbeit an, erst unterwiesen von meinem Boss, einem Professor, der seinen akademischen Status bei jeder Gelegenheit heraushängen ließ. Später kartierte ich alleine die Ausstrichgebiete der Gipsvorkommen, die in der fernen Zukunft einmal abgebaut und zu Platten für den Trockeninnenausbau verarbeitet werden könnten.

Das Gebiet zwischen Iphofen und Ansbach, zwischen Unter- und Mittelfranken, ist ein wenig beachteter, aber bildschöner Landstrich, durch den man leider meist nur auf der Autobahn fährt, ohne der Landschaft die angemessene Aufmerksamkeit zu schenken. Das Gelände ist flach und wellig, gut erschlossen und bäuerlich-dörflich. Das bedeutete für mich, dass ich mittags in urigen Wirtshäusern essen konnte, dazu einen Hausschoppen aus dem eigenen Weinberg angeboten bekam und ein leichtes Leben hatte. Wenn das Essen und der Wein wieder mal besonders gut gewesen waren und die Junisonne heiß vom Himmel brannte, gönnte ich mir gelegentlich ein Nickerchen auf einer schattigen Wiese am Waldrand, bevor ich den geologischen Geheimnissen des Gipskeupers weiter nachspürte. Auch diese Zeit wurde auf die notwendigen Praktikumstage für die Diplomprüfung angerechnet.

Unter Tage

Das Studium der Geologie verlangte, dass der Student bis zur Anmeldung zur Diplomprüfung zwei Praktika von insgesamt mindestens sechs Monaten Dauer absolviert hatte. Ein Praktikum in diesem Sinne war alles, was nur irgendwie mit Geologie und Steinen zu tun hatte. Selbst Lastwagenfahren in einem Steinbruch wäre zur Not akzeptiert worden.

»Du schaffst das ja nicht, das ist hackeschwer«, so war meine Einstimmung zu der Arbeit, ein relativ gut bezahltes Praktikum bei einer Firma, die Brunnen und andere Arten von Löchern bohrte, zum Beispiel Gründungspfeiler für Fundamente. Ich hatte es mir in den Kopf gesetzt, es trotzdem zu schaffen, egal wie. Jetzt erst recht, und außerdem war das Geld, weit über 500 Mark pro Woche, überaus willkommen. Die Arbeit war etwa mit der von Montagearbeitern zu vergleichen: Am Montag hin zur Baustelle oder Bohrung, unter der Woche in einem Bauwagen, Container oder in einer billigen Absteige, wobei die Variante Bauwagen plus Schlafsack die angenehmste war, Freitag wieder nach Hause. Im Lauf von einigen Wochen wurde ich zu einer Brunnenbohrung im Karst (wieder bei Kehlheim) geschickt, dann am Flughafen Frankfurt, um eine Baustelle aufzuräumen, Lastwägen mit Rohren zu be- und entladen, Brunnenverrohrung bei Limburg, Nieten einhämmern, und so weiter. Jede Woche eine neue Baustelle, neue Kollegen.

Mein erster Einsatz war auf der U-Bahn-Baustelle in Nürnberg, eine tiefe Grube vor dem Hauptbahnhof. Wir waren zu dritt und die Anweisung aus der Firmenzentrale lautete knapp: »Da steht ein Stahlrohr in der Baustelle, das müsst ihr nur abschneiden und dann seid ihr schon fertig, leichte Arbeit.« Das Rohr inmitten des Baustellengewusels ragte acht oder zehn Meter hoch, hatte einen halben Meter Durchmesser und stand frei und ungesichert. »So, dann macht mal.« Wir hatten kein Werkzeug, keinen Schneidbrenner, keinen Kran, nur unsere bloßen Hände, aber eine Mission. Die

Vorgehensweise: Man musste einen Kranführer finden, ihn beschwatzen oder mit Bier und Brotzeit bestechen. Dann brauchte man einen Schlosser oder anderen Metallwerker, der einen Schweißbrenner hatte und freundlich genug war, bei einer anderen Firma zu helfen, welche Ironie. Aber unser Vorarbeiter schaffte es, bis zur Mittagspause sowohl Kran als auch Schweißer aufzutreiben. Nach der Mittagspause wurde die Röhre in nur einer halben Stunde mit dem Schweißbrenner abgeschnitten und mit dem Kran auf den Haufen mit Schrottmetall gelegt. Fertig. Ich hatte viel zu lernen.

Später, dann unter Tage im Harz. Viele der großen und bärenstarken Kollegen hatten Angst vor dem finsteren Loch, dem Bergwerk, und hatten grundsätzlich abgelehnt, dort unter Tage zu arbeiten. Ich fand die Arbeit angenehm. Immer nur Frühschicht, so dass man nachmittags um zwei oder drei wieder zutage fuhr, schön in der Waschkaue duschte, anstatt mit dreckigen Arbeitsklamotten in einer versyphten Bude zu nächtigen. Danach ein freier Nachmittag, an dem wir Pilze suchten oder einfach nur herumhingen oder in unserem Wohncontainer was für den Abend kochten. Schichtarbeit ist eine gute Sache, vorausgesetzt, man hat nur Frühschicht. Wir, acht Leute, lebten in zwei Containern auf einer Abraumhalde an einem Wetterschacht. Das Gelände war mit Abraum geschottert wie ein Park, sauber und trocken. Wir hatten Aussicht auf Hügel, Wiesen und weidende Pferde. Heimfahrt Freitagmittag. Keine schlechte Arbeit.

Dorf und Stadt

Vom Dorf in die Stadt: Erika hatte eine bessere Arbeit in einer anderen Stadt gefunden und es zeigte sich bald, dass die tägliche Fahrt von Sommerhausen nach dort zu lang und zu teuer war. Wieder ein Umzug. Es sollte nicht der Letzte sein.

Die neue Wohnung in der Stadt, eine Dachzimmerwohnung mit schrägen Wänden, lag in der dritten Etage, war klein und hatte kein Klavier. Eineinhalb Zimmer, Küche, ein Bad und ein Schlaf-Wohn-Arbeits-Alleszimmer. Einer der wenigen Lichtblicke an der winzigen Dachwohnung war eine Pizzeria im Häuserblock daneben. Ansonsten war das Leben in der Stadt langweilig, in der Innenstadt nichts los und im Winter grau, nass und ohne Gesicht. Um im Sommer in das umliegende Grünland zu kommen, brauchte man das Auto.

Eine Hochzeit

Im Laufe der Zeit setzte sich bei uns die Idee fest, zu heiraten. Die Eltern hatten verschiedene Ansichten dazu. Die einen meinten, dass es an der Zeit sei. Sie sahen es als untragbar an, ohne Trauschein und staatliche Papiere zusammenzuleben. Die anderen fanden, dass wir zu jung wären und wenigstens noch bis zum Abschluss meines Diploms warten sollten. Egal wie, wir kehrten uns nicht um die Meinungen und trafen unsere eigenen Entscheidungen. So legten wir uns die Einzelheiten der Feier zurecht, machten das Programm – und bezahlten alles selbst. Die Zeremonie vor dem Standesamt war in der Stadt, danach ein schönes Mittagessen, nur mit den Trauzeugen, meinem Bruder und Erikas Schwester, jeweils mit Ehepartner.

Die kirchliche Zeremonie im Dorf war weit komplizierter und umständlicher, erstens, weil viel mehr Leute zur Feier kamen als zum Mittagessen und zweitens,
weil jeder bei der Organisation mitredete. Mein Frack
war geliehen, der Zylinder zu klein, mein ehemaliger
Klavierlehrer orgelte in der Kirche und bemängelte die
eingeschränkten Möglichkeiten der Dorfkirchenorgel.
Die Kommilitonen aus dem geologischen Institut kamen, um mitzufeiern, was ungemein nett war, denn
der Festtag lag mitten in den Semesterferien. Ich habe
den Abend nicht genossen, aber überstanden; auch der
längste Tag, der längste Abend geht irgendwann vor-
über.

Wesentlich lustiger als die Hochzeit war die nachfolgende Hochzeitsreise. Wir fuhren in die Lüneburger
Heide, wanderten und radelten mit unbekannten Opas
und Omas durch das Sand- und Grasland. Die Heide hat
– wie der Bayerwald – das Ansehen eines melancholi-
schen Urlaubsgebietes für wirtschaftlich schwache
Rentner und ältere Lebensteilnehmer. Wir sahen das
anders und genossen die Reise. Nach der Heide besuchten wir Freunde in einem Dorf auf dem flachen Land
bei Bremen. Ein Kuriosum der Hochzeitsreise war ein
gemeinsamer Ausflug nach Hamburg, wo wir nach der
Stadtrundfahrt später am Abend auf der Reeperbahn
hängenblieben. Markus, bei dessen Familie wir übernachteten, hatte sich Wochen zuvor ein Bein gebrochen
und so humpelten wir, er mit Krücken und Gehgips, be-
gleitet von unseren Frauen, durch das Rotlichtmilieu
und versuchten auf dem schmalen Grat zu wandeln,
der einerseits die Neugier befriedigte und andererseits
sicher genug war, um nicht abgezockt. Es hat geklappt.

Uran

Ich hatte ein Feriensemester beantragt. Das bedeutete, dass das Semester nicht auf die Studienzeit angerechnet wurde, ich keine Kurse besuchen und Scheine machen musste und trotzdem danach wieder zurück in seinen Studentenstatus schlüpfen konnte. Ich brauchte noch mehr Praktikumstage zur Prüfung und – wie so oft – wieder Geld, Letzteres der Hauptgrund, eine Auszeit zu beantragen.

Es war die Zeit nach dem ersten Ölpreisschock. Zu dieser Zeit sorgte man sich in Deutschland um den Brennstoff für die Atomkraftwerke, wenn die Versorgung mit Uran aus Kanada, USA und Australien nicht mehr gesichert wäre.

Der Ölpreisschock bezeichnet eine Phase starken Preisanstieges, die gravierende gesamtwirtschaftliche Auswirkungen hat. Im engeren Sinne werden nur die Erhöhungen der Rohölpreise 1973 und 1979/1980 als Ölkrisen bezeichnet, da beide in den Industrieländern schwere Rezessionen auslösten.

Die erste Ölpreiskrise wurde im Herbst 1973 durch den Jom-Kippur-Krieg ausgelöst. Die Organisation der arabischen Erdöl exportierenden Staaten (OAPEC) drosselte bewusst die Fördermengen, um die westlichen Länder bezüglich ihrer Unterstützung Israels unter Druck zu setzen. In den Jahren 1973/743 stieg der Ölpreis auf das Vierfache.

In der Folge der Ölkrise entstanden Initiativen, die versuchten, die Abhängigkeit vom Öl zu reduzieren. Es rückten alternative Treibstoffe wie Pflanzenöl, Biodiesel und Müllverbrennung in das öffentliche Interesse, aber auch Kernenergie, die immer umstritten war. Vermehrt wurde in Kernenergie, regenerative Energiequellen, die Wärmedämmung von Gebäuden und in die Effizienzsteigerung von Motoren und Heizgeräten investiert.

Die Firma Esso Erz (später Exxon) hatte ein Programm zur Uranexploration in Ostbayern aufgelegt und suchte Leute, die im Gelände Proben nehmen und Messungen anstellen sollten. Das Arbeitsgebiet waren die »jungen Granite« in der Oberpfalz und im Fichtelgebirge. Basis war Tirschenreuth, wo die Firma im Wirtshaus am Marktplatz ein Feldbüro unterhielt.

Die Arbeit war vielfältig, abwechslungsreich und anstrengend. Es fing damit an, *Alpha-cups* zu vergraben. Das sind im Prinzip Joghurtbecher, in die ein kleiner Sensor, wie ein Film eingeklebt ist, der die Alpha-Zerfallsprodukte (Radon-222) – daher der Name – vom Uranzerfall registriert. Der Sensor reagiert dabei wie ein belichteter Film, auf dem man dann im Labor Spuren des Alpha-Zerfalls wie Kratzer auszählt. Unsere Arbeit bestand darin, die Becher mit der Öffnung nach unten in einem Raster von hundert Metern Abstand wenigstens 40 cm tief im Erdboden zu vergraben und nach drei Wochen wiederzufinden und auszugraben. Bei dieser Gelegenheit wurde pro Loch noch eine Bodenprobe genommen und die Radioaktivität mit dem Szintillometer gemessen. Die tägliche Realität bestand aus Wald, meist mit dichtem Unterholz, Sumpf, Moor, Mücken, gelegentlich einer Lichtung oder Wiese. Ein Kollege jagte neben der Arbeit seltene Käfer und Schmetterlinge für seine Insektensammlung. Jeden Tag mussten Dutzende Löcher gegraben (Zielleistung waren fünfzig Stationen) und Spaten und Messgeräte herumgeschleppt werden. Der Rekord stand bei 91 Löchern und Proben an einem einzigen Tag. Knochenarbeit! Am Abend des ersten Tages dachte ich, dass ich das nie schaffen würde, aber nach drei Wochen war ich voll mit dabei und wir alle, etwa 20 uransuchende Geologiestudenten, waren in allen Wirtshäusern der Gegend beliebt, da wir doppelte Portionen aßen, viel tranken und abends nicht lange herumhockten. Ideale Gäste.

Nach einigen Monaten zogen wir vom Wirtshaus am Marktplatz auf einen Bauernhof außerhalb der Stadt. Die gastfreundliche Bauernfamilie versorgte uns mit einem außerordentlich reichlichen Frühstück, das für die Geländearbeit angemessen war, Wurstsemmeln, Schmalzgebackenes, Kaffee in großer Menge. Die Unterkunft auf einem Bauernhof war praktischer für unsere Arbeit. Unsere Stiefel hatten die gleichen großen Erdbrocken wie die des Bauern, wenn er vom Traktor abstieg. Und wir konnten unsere ausgegrabenen Joghurtbecher abends im Kuhstall waschen, wo es im Herbst angenehm warm war. Erwähnenswert ist die wunderhübsche Tochter des Bauern, die mit ihrem BMW auf den Feldwegen, die zum Hof führten, wie der Teufel raste, so dass das Grass verdorrte und die Kühe auf der Weide wirr im Kopf wurden. Wir auch.

Im Spätherbst des Jahres, es fiel schon Schnee, fuhr ich den Log-Wagen, um elektrische Messungen in Bohrlöchern anzustellen. Der Wagen, ein VW-Bulli mit Automatikgetriebe, war mit verschiedenen Geräten ausgestattet, hatte eine Standheizung, einen kleinen Generator, eine Holzkiste, die als Dunkelkammer zum Entwickeln winziger Filme gebraucht wurde und – ganz wichtig – ein Radio, denn meist arbeitete ich alleine und spät abends oder nachts. Die Bohrleute zerrten den Wagen mit einer Winde oder einem Lastwagen von der Straße über den Acker zur Bohrstelle und nach sechs oder acht Stunden wieder zurück auf den Asphalt. Im Radio lief Thomas Gottschalk auf Bayern 3, das war, bevor er seine große Karriere begann und sehr unterhaltsam. Die Bohrloch-Messungen wurden auf Papierrollen aufgezeichnet, keine Spur von der digitalen Zukunft. Es war daher wichtig, alles Mögliche genau zu kalibrieren werden, detaillierte Protokolle auszufüllen und die sensiblen Papierstreifen dann so schnell wie möglich ins Büro nach Nürnberg zur Auswertung zu schicken. Um die Richtung und den Verlauf der Bohrlöcher zu bestimmen, ließ ich eine Sonde mit einem Kompass und einem Neigungsmesser in die Bohrung ein, die im Zeitabstand von einer Minute von der eingebauten Kamera fotografiert wurden (deswegen die tragbare Dunkelkammer). Primitiv und praktisch.

Das Problematische an der Nachtarbeit war, *trotz* Standheizung nicht zu erfrieren oder *wegen* der warmen Standheizung nicht einzuschlafen. Letzteres widerfuhr mir mindestens einmal und kostete mich prompt den Job, denn die Messungen, die ich in jener kalten Nacht aufgezeichnet hatte, waren völlig falsch, nichts stimmte, nutzlose Daten. Das sahen die Auswerter schnell und ich wurde ins Büro nach Nürnberg bestellt und auf der Stelle gefeuert. Der Rausschmiss, mein erster im Leben, erschütterte mich, weil ich nicht darauf vorbereitet war. Doch es war Zeit, weiterzuziehen, was anderes zu machen, endlich mein Studium und die Diplomarbeit fertigzubringen.

Diplomarbeit

Für meine Diplomarbeit ich hatte die Wahl zwischen dem Frankenwald (Paläozoikum, alte Steine), Spanien (auch alte Steine), Gebieten in der Umgebung von Würzburg (Trias, nicht ganz so alte Steine) oder einem Landstrich zwischen Spessart und Steigerwald. Es war praktisch, dass ich für meine Abschlussarbeit, eine geologische Kartierung, schließlich das Gebiet um Sommerhausen zugeteilt bekam: Messtischblatt 6226 Kitzingen, südwestlicher Quadrant. Andere Gebiete hätten höhere Kosten verursacht für ein Auto, Anreise,

Übernachtungen im Gelände und so weiter. Für mein
Gebiet um Sommerhausen brauchte ich nur die schweren Schuhe anzuziehen und mit Rucksack und Kartier-
brett zur Wohnungstür hinauszugehen, um mit der Arbeit anzufangen. Die Realität war deutlich anders,
denn ich glaubte, alles hätte noch so viel Zeit, ich
kannte das Gelände und alles schien ganz einfach.
Doch ich hatte die Schwierigkeit der Kartierarbeit in
einem relativ unkomplizierten Gebiet und den dazu nö-
tigen Zeitaufwand gewaltig unterschätzt, mit der Folge, dass ich in den letzten Monaten nur mit Hängen
und Würgen fertig wurde, gerade noch rechtzeitig. Die
Geländesaison reicht nur über ein paar Monate im Jahr.
Im Frühjahr, solange auf den Feldern die frisch ge-
pflügte Erde noch nicht grün überwachsen ist und im
Herbst nach der Ernte, bis der Schnee fällt und solange
es draußen hell genug ist, um die Farben der Erde zuverlässig zu unterscheiden.

Mein Arbeitsgebiet bestand aus steilen Hängen mit
Weinbergen, Obstgärten und weiten Feldern, auf denen
Getreide oder Mais angebaut wurde, nur wenig Wald.
Ich lernte die Gegend, mein Kartiergebiet, zu schätzen
und zu lieben. Es gibt dort einen Flecken mit Flugsand,
Dünen, die von der letzten Eiszeit übrig sind, verkiesel-
te Hölzer, die nach Ansicht unseres Professors von dem
Ries-Kometen aufgeworfen wurden. Oder einen Strei-
fen von seltsamen Steinen, die gar nicht zu der Gegend
passten. Ich habe das als Pflaster einer alten Römer-
straße eingeordnet. Könnte sogar stimmen. Alles ist interessant – wenn man sich ernsthaft damit befasst.

Mit der Vergabe einer Diplomarbeit bekam ich einen Schreibtisch in einem Studierzimmer zugewiesen
und einen Schlüssel zum Institutsgebäude, damit ich –
falls mich der Drang abends ankäme – noch etwas stu-

dieren und forschen zu wollen. In der Praxis war das Institut ein zweckvoller logistischer Punkt, an dem man Einkaufstüten deponieren und an dem sozialen Leben der anderen Diplomanden und Doktoranden teilhaben konnte. Eine Kommilitonin war so sozial, einen jungen Dozenten zu heiraten. Für mich war die Verbindung zu einem Kommilitonen wichtig, der sehr gut Trompete spielte. Von ihm bekam ich die Solostimme zu Mozarts Klarinettenkonzert (KV 622), die ich monatelang mit mir herumtrug, lernte und übte. Zur Gaudi trafen wir uns regelmäßig am Donnerstag nach der letzten Vorlesung und wenn niemand mehr im Gebäude war, um in meinem Studierzimmer Musik zu machen, mehr in Richtung Jazz und Blues, wobei wir nebenher beträchtliche Mengen an Gin und Martini versoffen.

Das wichtigste soziale Ereignis der Semesterwoche war das Kolloquium am Dienstagabend. Durchreisende Forscher, angehende Professoren oder alte Hasen aus der Industrie hielten hier Vorträge, die dann diskutiert wurden. Für mich selbst war es gerade am Anfang schockierend, wie wenig ich von allem verstand, was da geredet und präsentiert wurde. Nicht selten war mir die Problemstellung des Vortrages völlig unverständlich. Anderen erging es ähnlich, aber das wusste ich damals nicht. Nach dem Kolloquium ging es in die Mesenburg, eine Kneipe, in der wir bei Bier und Bratwurst den vortragenden Wissenschaftler noch mal von Mensch zu Mensch zu dem Sinn seines Auftritts und dem tieferen Zweck seiner Forschung befragen konnten. Auf dem Heimweg am Schlachthof vorbei, zurück zum Institutsgebäude, traf man, wenn es spät genug war, noch eines der letzten Straßenmädchen, die dort ihrer Arbeit nachgingen und an den Parkuhren wartend herumstanden – ein kurzer Schwatz, wir waren ja Nachbarn.

Wieder aufs Land

Dipbach ist ein winziges Dorf auf der Gäufläche, wie die Geografen die Hochebene über dem Maintal nennen. Es liegt auf halber Strecke zwischen Schweinfurt und Würzburg, weit weg von der Hauptstraße. Erika fand dort eine Erdgeschosswohnung, die zugleich billig, groß und schön war. Eine eigene Terrasse (Frühstück!), viel Platz und ein komfortabel eingerichtetes Badezimmer. Und soweit mich die Erinnerung nicht trügt, hatten wir wieder ein Klavier. Der Vermieter züchtete Brieftauben und schickte uns, wenn er im Sommer seine Tauben vom Rennen zurückerwartete, von der Terrasse in die Wohnung (»Bitte nehmt die bunte Tischdecke mit rein!«), damit seine Vögel schnellstens in den Schlag flatterten und er somit einen guten Platz im Rennen bekam. Ich glaube, es ging um Geld.

Im Dorf zu wohnen bedeutet, dass man ein Auto brauchte oder in unserem Fall sogar zwei, denn einer von uns fuhr zur Arbeit, der andere zum Studium – in jeweils gegensätzliche Richtungen. Die Autos wechselten, ein Renault R4, der uns mitten auf der Straße mit gebrochener Hinterachse liegen blieb, dann ein Fiat-500 (»*Cinquecento*«), ein winziges Spielzeugauto, das sowohl Krach als auch Spaß machte und wieder ein VW-Käfer (Originalfarbe: Texasgelb), vorne mit extra Lampen und innen mit allerlei Instrumenten, so, als ob man bei einer Rallye mitfahren wollte.

Das Dorf war so klein, dass es dort keinen Laden, kein Postamt und nicht einmal eine Bushaltestelle gab. Das Schöne an so einem Dorf im Nirgendwo der Provinz ist die Ruhe, auch die innere Ruhe, die man finden kann, wenn man sich nicht immer Schaufenster ansehen muss und zum Konsum und Kommerz getrieben wird. Im Dorf ist alles anders. Viel Platz, Natur, Felder, jederzeit Gelegenheit zu einem kleinen Spaziergang. Man muss sich vorstellen, wie entspannend und praktisch es ist, nach dem Abendessen zur Veranda hinauszugehen (ohne die Wohnung abzuschließen!) und nach fünfzig Metern durch Kleingärten auf den Feldern zu stehen und spazieren zu gehen. Kleine Runde – zehn Minuten, große Runde – zwei Stunden. Im Sommer und Frühherbst liefen wir bestimmte Wiesenstellen an, auf denen, wenn das Wetter warm und feucht war, Champignons für unser Abendessen wuchsen (Rezept: Öl, viel Petersilie und Knoblauch). Niemals, Frühling, Sommer, Herbst, Winter, war es langweilig. Wir genossen Sonntagsspaziergänge, manche führten uns bis ins nächste Dorf unten im Maintal, ein romantisches Weindorf. Dort gab es ein, zwei Wirtshäuser, deftiges Essen und natürlich Schoppen dazu. Danach mussten wir wieder den Berg hoch zurücklaufen, eine Stunde, die Kalorien wieder verbrauchen und den Alkohol abdampfen, bis der Kopf wieder klar war.

In Dipbach, diesem so unwichtigen, aber so schönen Dorf, habe ich meine Diplomarbeit geschrieben. Ich hatte ein ganzes Semester Zeit, ein halbes Jahr, und habe mich jeden Tag dazu gebracht, ein oder zwei fertige Manuskriptseiten zu produzieren, was normalerweise als gute Leistung angesehen wird. Es lief gut und die Umgebung war ideal. Zur Erinnerung, es war das Jahr 1979, es gab es noch keine Computer, keine Dis-

ketten und Textverarbeitung und keine Zeichenpro-
gramme, kein Corel und Adobe, kein AutoCAD und auch
keine GIS-Systeme, um Karten genau und ohne Mühe
zu zeichnen. Den fertigen Text meiner Diplomarbeit
tippte ich auf einer gemieteten elektrischen Schreibmaschine, die nicht einmal einen Textspeicher hatte.
Kleine Fehler wurden mechanisch oder mit Korrekturf-
lüssigkeit ausgebessert, bei mehr Fehlern auf einem
Blatt musste ich die Seite noch mal tippen. Die
Zeichenarbeit, Karten und Profile malte ich mit Tusche
auf transparente Folie. Ich hatte dazu einen improvi-
sierten Zeichentisch und allerhand Schablonen, Zirkel,
Rapidographen von Rotring und andere Gerätschaften
aus der Vor-Computer-Zeit mit denen ich ohne Zeit-
druck aber mit Kaffee und guter Radiomusik (Klassik)
werkelte.

Von der Diplomprüfung ist nicht viel zu erzählen,
außer, dass es problemlos geklappt hat. Es gab in unserem Institut ein stilles Übereinkommen mit den Dozenten, dass jemand, der brav und anständig studiert und
sich ernsthaft bemüht, dann höchst unwahrscheinlich
durch die Diplomprüfung fallen wird. Eine der größeren Hürden im Studium war das schon erwähnte Kastenpraktikum in der Paläontologie, bei dem man sich
einige hundert Namen von Fossilien einprägte. Vier
Wochen vor der Prüfung, im Dezember, war das Barba-
ra-Fest, das soziale Ereignis des Jahres, bei dem Geologen und Bergleute im Bilde ihrer Schutzheiligen St.
Barbara wieder die Gelegenheit wahrnehmen, gemeinsam Bier zu trinken. *Party time!*

Mein Paläontologie-Prof gab mir seinen Bierkrug in
die Hand mit dem Auftrag, ihn bitte wieder zu befül-
len: »Bitte nicht zu viel Schaum!« Und: »Ach, Sie sind
der Herr S., Sie wollen in ein paar Wochen zu mir in

die Prüfung?« – »Ja.« – »Ich werde Sie über Ichnofossilien prüfen!« Das durfte doch nicht wahr sein! Er sagte mir vorab, was als Prüfungsthema kommt. Echt oder Falle? Ichnofossilien, Spuren von Tieren im Sediment, galten als einfaches Thema, denn erstens wusste man sowieso nur wenig über die Dinger und zweitens gab es da nur wenige Gruppen, die wichtig waren. Easy! Am Tag der Prüfung, ich konnte es immer noch nicht glauben, fragt mich der Prof – ein Beisitzer führte Protokoll – »Herr S., was wissen Sie über Ichnofossilien?«

Ich kam mit einer guten Note aus der Prüfung. Die letzte der vier mündlichen Prüfungen fand an einem frostkalten Wintertag mit Schnee Anfang Januar 1980 statt. Nach der letzten Prüfung warteten, wie immer, die Kommilitonen im Korridor vor dem Prüfungszimmer mit Sekt, um das Ereignis zu feiern. Geschafft. Ein paar Wochen später durfte ich mir das Diplom mit allen Siegeln, Stempeln und Unterschriften auf der Prüfungskanzlei abholen: »So, bitte, hier haben Sie Ihr Diplom.« Ich bekam nicht einmal einen Umschlag dazu. Fertig. Keine Feier, keine Ansprache! Das Ergebnis von fünf Jahren Studium, fünf Jahren Mühe, Arbeit, Lebenszeit, auf einem einzigen DIN-A4-Blatt.

Wir feierten den Abschluss mit einer mehrtägigen Winterwanderung mit Freunden im Bayerischen Wald. Wandern im Tiefschnee, mittags heiße Suppe am Wegrand vom Campingkocher, abends unter einem festen Dach in irgendeiner Pension oder Ferienwohnung oder Berghütte. Verrückt aber umwerfend schön!

Noch mal Uran

Unmittelbar nach dem Studium kam ein anderes Uranprogramm, ein willkommener Einstieg in das Berufsleben. Diesmal für die Firma BP, die im Laufe des Jahres mehrmals den Namen wechselte (»Gelsenberg«). Die Arbeit war vergleichbar mit der Arbeit bei Esso, die Methoden anders. Wie vorher schleppten wir Bodenproben, Messgeräte und Spaten durch den Wald und freies Gelände. Das Gebiet war im Herbst vorher mit einem Hubschrauber abgeflogen worden (*airborne gamma-ray spectrometry*). Zweck unserer Arbeit war es, die prospektiven Stellen am Boden aufzusuchen und zu beproben (*ground truthing*). In der ersten Zeit konzentrierte sich die Arbeit im westlichen Bayerischen Wald bei Cham, wo es Auseinandersetzungen mit Umweltschützern und Atomkraftgegnern gab, die unsere Instrumente ausgruben oder Wege blockierten. Es gelang uns, die Situation mit Information, Freibier und Dorfabenden entschärfen. Später konzentrierte sich die Arbeit weiter im Osten bei Grafenau, wo das Feldbüro der Firma war. Dort hatten sie im Vorjahr eine Anomalie gefunden worden, die vielleicht genug Uran enthielt, um eine kleine Mine zu betreiben. Unserem kanadischen Boss folgend nannten wir das Gebiet »Klondike«, nach dem *Klondike River* im Yukon-Territorium, wo 1896 ein Goldrausch begann. Das Vorkommen an der tschechischen Grenze bei Grafenau war zu klein und daher nicht wirtschaftlich. Heute freue ich mich, dass nichts daraus geworden ist, denn wir hätten nur wieder ein herrliches Stück Natur versaut.

Meist waren wir zur Arbeit als Zwei-Mann-Team unterwegs, um irgendwo irgendwas abzuchecken, eine Anomalie-Karte, seltsame Steine, oder einfach ein Fleckchen Gelände, das zwar außergewöhnlich genug war, um die Stelle genauer zu besichtigen, aber zu klein, um das ganze Team hinzuschicken. Wir genossen die Unabhängigkeit, unseren Tagesplan ohne Vorgesetzte einzurichten. Wir waren zwar nicht faul, aber hatten die Freiheit, bei schönem Wetter für einen halben Tag ein »Kulturprogramm« einzulegen, wie zum Beispiel an einem Sonntag weit aus dem Arbeitsgebiet hinauszufahren, um in einem Urlauberwirtshaus frisch geräucherte Forellen mit Meerrettichsahne zu genießen. Oder abends, wenn wir nicht zu müde waren, in die Disco nach Zwiesel zu fahren. Abba, mit »*Dancing Queen*«, war damals populär. Mein Boss, der Kanadier, hörte lieber Supertramp (»*Breakfast in America*«). Der Rest des Teams war meist mit Queen zufrieden.

Das soziale Leben mit den Kollegen war angenehm. Sie waren normal genug, um abends noch gemeinsam unterwegs zu sein. Gelegentlich trafen wir uns mit den Mädels aus der Apotheke gegenüber vom Feldbüro zum Kegeln oder – selten – zu klassischer Musik in der Kirche von Grafenau oder zum *one-on-one* in einer lauschigen Musikkneipe in Passau, eine halbe Stunde Fahrt mit dem Auto. Damit die abendlichen Ausflüge im Büro nicht auffielen, musste ich das obligatorische Fahrtenbuch frisieren, ein paar Tage lang mehr Kilometer aufschreiben und so weiter.

Ich glaubte damals fest daran, dass wir erstens kein abbauwürdiges Uranvorkommen finden würden und zweitens, dass die Strahlenbelastung beim Abbau nicht sonderlich groß sei, verglichen mit der Hintergrundstrahlung, die von den Gesteinen natürlicherweise ausgeht und die wir mit unseren Geräten täglich registrierten. Im Slang der Prospektoren: »Die Granite hier brummen ganz beachtlich.« Ich glaube heute, dass in der Atomdiskussion vieles übertrieben wurde und andererseits einiges unbeachtet blieb oder unterschätzt wurde.

Später im Jahr, im Herbst, bezog ich eine Unterkunft über einer Garage neben der Bahnlinie in einem Dorf namens Großarmschlag, klein, aber mit Schlafraum und einer Wohnküche, in der ein Ölofen stand, der die Bude wohlig warm hielt. Mein Bruder und mein Vater, Erika und die Schwiegereltern, alle waren mal zu Besuch, die Bude war zwar klein, aber praktisch und alltagstauglich.

Den Bayerischen Wald hatte ich schon früher bei Wanderungen und jetzt bei der Arbeit kennen und lieben gelernt. Wenn man in einem Gebiet arbeitet, bekommt man ganz andere Seiten zu Gesicht, erlebt vieles intensiver. Da sind Einzelheiten wie die kunstvoll geschliffenen Biergläser der Glasbläser, schöner als alles, was in den Läden zum Verkauf stand. Die Gläser wurden im Wirtshaus in einem Glasschrank sorgfältig aufbewahrt und nur für den Besitzer aus der Vitrine geholt. Oder Hausmusik und mehrstimmiger Gesang am Stammtisch (»*Mia san vom Wald dahoam ...*«) Eine Variante von Stubenmusik, die ich für längst ausgestorben gehalten hatte.

Ach ja, der Bayerwald, er war zwar nicht meine Heimat und doch habe ich dort tiefere Wurzeln geschlagen als an jedem anderen Ort, den ich während meines Lebens kennengelernt habe. Meine emotionale Heimat, sozusagen.

Der erste Job

An den freien Wochenenden schrieb ich über fünfzig Bewerbungen und verschickte sie an Firmen und Ämter. Die Hälfte davon kam wieder zurück, alles Absagen, die sich aber im Ton deutlich unterschieden. Das bayerische geologische Landesamt ließ mich gnädig wissen, dass es grundsätzlich nur promovierte Leute einstelle. Basta! Andere »freuten sich über das Interesse an ihrer Firma« (der Textbaustein war damals populär), aber »danke, nein danke.« Es kam zu einem Vorstellungsgespräch in einem Ingenieurbüro in Frankfurt. Dort war es nach einer halben Stunde klar, dass wir nicht zusammenpassten. Deswegen wurde ich auch nicht, wie sonst üblich, wenigstens zum Mittagessen eingeladen, bekam aber das Geld für mein Eisenbahnbillett zweiter Klasse Intercity wieder zurück. Eine andere Bewerbung bei irgendeiner Firma in Essen hatte ich ganz vergessen, eine Firmenadresse, die ich in einer Fachzeitung aufgelesen hatte und die ich nur angeschrieben hatte, weil noch ein Umschlag und ein Satz meiner Unterlagen übrig waren. Ich bekam – sehr überraschend – ein Telegramm (ja, das gab es damals noch): »Vorstellungstermin übermorgen, die Fahrtkosten werden übernommen, melden Sie sich am Donnerstag um 13:00 Uhr beim Pförtner.« Das war alles.

Natürlich war ich pünktlich um 13:00 Uhr an der Pforte (heutzutage nennt man das Rezeption), wie aus dem Ei gepellt mit Krawatte und in meinem neuen hellgrauen, dreiteiligen Anzug, den Erika mir geschenkt hatte, in der Hand das neue Aktenköfferchen aus Plastik. Die Interviews und fachlichen Befragungen verliefen schleppend und ich wurde von einem müden Entscheidungsträger zum nächsten weitergereicht. Meine letzte Station, der Gipfel aller Interviews, war der oberste Abteilungsleiter in der Exploration, der lieber nach Hause wollte, als sich mit mir abzugeben, denn es war schon gegen 18:00 Uhr und seine Mitfahrgelegenheit wartete ungeduldig im Hof. Das Gespräch war seicht und unbedeutend, bis mich der Herr fragte, ob es mir etwas ausmache, wenn er eine Zigarette rauche. »Natürlich nicht!« Ob ich auch eine wolle, wurde ich gefragt. »Gerne!« Da saßen wir eine lange Minute, stillschweigend und rauchten unsere Zigaretten. In diesem Moment hatte ich das Gefühl, es hat geklappt. Er wollte schnell nach Hause und verabschiedete sich hastig, ich lief den kurzen Weg zum Bahnhof. Ich musste ja wieder zurück zu meinem Uranprojekt am anderen Ende Deutschlands, zog mich in der stinkenden Bahnhofstoilette – ein Strichertreff – um, Anzug aus, Geländeklamotten an, was in Essen überaus auffällig war, weil solche Typen wie ich, mit einem Exterieur von Bundeswehrhemd und Bergschuhen im Panoptikum des Bahnhofsvorplatzes nicht vorkamen.

Öl statt Uran

Der Auftritt, meine Vorstellung war erfolgreich; ich bekam den ersten richtigen Job, Arbeit bei der Ölfirma in Essen. Es war ein schroffer Unterschied; eben noch frei und alleine mit den Kollegen in Wald und Feld und jetzt mit Stechkarte in einer langweiligen Bürolandschaft und in einer großen, trostlosen Stadt. Die ersten Tage im Hotel, einer schäbigen Bude, deren einziger positiver Aspekt darin bestand, dass sie nahe am Büro lag, im Süden der Stadt, der allgemein als der bessere Teil der Stadt galt. Trotzdem, Essen im Dezember ist grau, nass, mittelmäßig und sehr, sehr deprimierend. Ich habe es nur eine Woche lang im Hotel ausgehalten und bin dann schnell in ein kleines Dachkämmerchen umgezogen. Gefühlte drei Quadratmeter, Bett, Schrank, Schreibtisch, Dusche draußen im Gang. Im Gegensatz zu der Hotel-Absteige, die von der Firma arrangiert war, ging das Zimmerchen auf meine eigene Rechnung. Nach der Arbeit wechselte ich von meinem Büroschreibtisch zu dem Schreibtisch unter dem Dach. Von da aus konnte ich durch eine Dachgaube wieder ins Büro gucken und Kollegen zusehen, wie sie Überstunden schoben oder sich auf eine Präsentation am nächsten Tag vorbereiteten und ihre *Overhead*-Folien durchgingen. Ein Leben wie eine Maus.

Ich sehnte mich zurück nach der Zeit im Bayerischen Wald, dem vergangenen Jahr im Gelände, in dem ich frei war und nicht den Gesetzen des Bürolebens unterlag. Ich war nahe daran, hinzuschmeißen, aufzugeben, um wieder in den Wald zurückgehen oder wenigstens wieder im Gelände zu arbeiten. Vielleicht als Ranger im Naturpark oder zumindest als Forstarbeiter, eine Bewerbung an die Verwaltung des Nationalparks hatte ich fertig formuliert, aber nie abgeschickt, weil ich die richtige Adresse nicht herausfand.

Wenigstens konnte ich am Wochenende nach Hause fahren, heim ins Fränkische, nach Bayern. Jeden Freitag, drei Minuten nach drei Uhr am Nachmittag, wenn die Anwesenheitspflicht vorbei war, saß ich im Intercity von Essen über Köln nach Würzburg oder quälte mich im Auto durch den Stau auf der B1 nach Dortmund, bis dann irgendwo nach dem Sauerland das Gras grüner wurde und Bayern näher kam. Der Intercity, aus Dortmund kommend, war immer proppenvoll mit Bundeswehrsoldaten, die zum Wochenende nach Hause fuhren, viele davon von einem Ende Deutschlands an das andere; Kiel – Garmisch war nicht selten. Weiter in Düsseldorf, Köln, Mainz, Koblenz wurden die

Züge dann immer voller, bis zu der großen Umschichtung in Frankfurt. Von da aus war es nicht mehr weit. Heimweh? Am Main entlang; ich stand oft am Fenster und saugte die Landschaft mit den Augen auf. Die Heimfahrt am Freitag war immer das Schönste von der ganzen Woche. Ich habe dabei gelernt, dass eine Wochenendbeziehung nur eine Weile lang funktionieren kann, kein Mensch, der bei Sinnen ist, wird oder bleibt freiwillig Wochenendpendler.

In diese Zeit fiel die gar-nicht-so-überraschende Erkenntnis, dass ich bald Vater werden würde. Ich verbreitete die Neuigkeit von der Telefonzelle am Markt aus an meine Eltern. Auch meine Pläne änderten sich zwangsläufig: Nicht mehr die große Freiheit im Gelände, sondern eher das Nestbauen für eine Familie war jetzt angesagt.

Die Firma in Essen

Die Ölfirma in Essen, die mich eingestellt hatte, betrieb ein Traineeprogramm. Das bedeutete, dass die neu eingestellten Leute, manche frisch von der Uni wie ich, andere mit Berufserfahrung, erst einmal die Grundlagen des Erdölgeschäftes beigebracht bekamen, was grundsätzlich eine gute, eine tolle Sache war. Aus verschiedenen Gründen: Das Programm war eine zweite Ausbildung und vieles, was ich dabei im ersten Jahr gelernt habe, hat mir auch noch zehn, zwanzig Jahre später beruflich geholfen. Wir, achtzehn Herren und zwei Damen, die im gleichen Monat angefangen hatten, wurden durch verschiedene Abteilungen und Lehrgänge »rotiert«. Die Vielseitigkeit und Abwechslung war willkommen und sinnvoll. Ich verbrachte Wochen auf einer Bohrung in Norddeutschland, besuchte Kurse in

Geophysik und in der Kunst der Auswertung seismischer Messungen. Dann eine Weile in Hannover, erst bei einem seismischen Trupp, Sprengstoff herumfahren, Kabel schleppen im Gelände, danach im Computerzentrum, das die Programme – wie damals üblich – mit Lochkarten in den großen Computer einfütterte. Dazwischen lag immer eine Zeit im Büro, geleitet von einem Coach, der monatlich neu zugeteilt wurde.

Der negative Aspekt war der Traineestatus, der sich nicht wieder abstreifen ließ. Für die Sekretärinnen, die bei der Firma wichtig waren (und die sich selbst wichtig nahmen), war man auch nach Jahren immer noch der Trainee, der Lehrling, der Neue. Überhaupt die Sekretärinnen. Die waren fast alle potthässliche Singles und führten sich so auf, als ob sie mit dem jeweiligen Boss oder Abteilungsleiter mindestens einmal im Monat ins Bett gingen und daher unkündbar seien. In einigen Fällen war das wohl auch so. Die Damen waren irgendwann mal eingestellt worden, weil sie sich bei einer Auslandszweigstelle als »ganz nett« oder sich auf eine andere Weise profiliert hatten und saßen dann wie die Spinnen im Netz in ihren Büros, in denen die Fäden der Kommunikation zusammenliefen und sich die Säulen des Soziallebens gründeten. Im Gegensatz zu heute, wo fast alle Büroabläufe in digitalen Netzwerken verlaufen, brauchte man damals die Sekretärinnen zur Unterstützung bei der Arbeit. Sie tippten handgeschriebene Manuskripte in die elektrische Schreibmaschine (Kugelkopf), buchten Dienstreisen und hatten die richtigen Formulare, die sorgfältig auszufüllen waren, um Urlaub zu beantragen. Das Sekretariat mit den Damen war der soziale Ankerpunkt der Abteilung, alleine deswegen, weil sie die Hoheit über die Kaffeemaschine hatten, die dazugehörige Kaffeekasse verwalteten und das Geld dafür eintrieben. Es war für das berufliche Fortkommen wichtig, jeweils am Morgen und nach dem Mittagessen dort einige Minuten zu verweilen, Kaffee zu schlürfen und in den *small talk* einzustimmen. Es wurde als unsozial angesehen, wenn man seinen Mittageskaffee nebenan bei Tchibo trank, denn das war eine andere Clique, andere Leute und nicht die Gruppe, die gut mit dem Chef konnte.

Wieder ein Umzug

Im Sommer zog Erika, hochschwanger, zu mir nach Essen. Ich hatte eine Wohnung gefunden. Es zeigte sich bald, dass es ein freudloses Loch ohne Garten, aber mit garstigen Nachbarn und einer fetten, rauchenden Vermieterin (Modell: Zicke mit Lockenwicklern) war.

Die Wohnung lag in einem kleinbürgerlichen Stadtteil, Wohnungen in grauen Nachkriegsbauten. Eine ausgedehnte Schrebergartenkolonie erlaubte Spaziergänge (später mit Sohn im Kinderwagen). Mit etwas Mühe erreichte man den Markt, ohne Straßenbahn oder Auto zu gebrauchen. Der Stadtteil hatte die Funktion eines Unter-Zentrums mit Aldi, Apotheke, Markt (zweimal in der Woche) und einem freundlichen indischen Kinderarzt. Die Wochenmärkte in Essen in jedem Stadtteil waren unerwartet vielseitig und lebendig, viel Grünzeug und Gemüse kam aus dem nahen Holland. In Laufentfernung stand ein riesengroßes Einkaufszentrum und, etwas weiter weg, lag das Gebiet einer ehemaligen Gartenbauausstellung (Gruga), ordentlich, eingezäunt und eng. Ein sogenannter Stadtwald mit

Blick auf das Ruhrtal war ein langweiliger Stangen-
wald, vergebens suchten wir dort nach Pilzen und Bee-
ren.

Essen war nicht schlecht, aber in einer traurigen
Art mittelmäßig und trostlos. Waren das die Bahnen, in
denen mein restliches Leben ablaufen sollte? Nicht
schlecht, Job, Familie, Gesundheit, alles so weit okay,
erträglich, aber eben nicht gut, sondern ohne jeden
Reiz und in schmerzhafter Weise medioker. Zur Ablen-
kung, als Kompensation für meine Beklemmung, begann ich mit Holzarbeiten, Heimwerkerei, baute im
Keller Bücherregale aus rohem Holz. An Wochenenden
mit besserem Wetter und zerlegte, entrostete und la-
kierte ich unseren alten, gelben VW-Käfer.

Es zeigte sich schon nach wenigen Monaten, dass
die Wohnung, die ich in Eile angemietet hatte, nichts
für uns war. In dem winzigen Garten bellte und schiss
ein scharfer Schäferhund. Dessen Herrin, die Vermieterin und eine andere Mietpartei in dem Haus, sie alle
verhielten sich seltsam, beängstigend. Also weg von
da. Schnellstens. Es folgte wieder ein Umzug, in den
Norden der Stadt, wo die alten Bergarbeitersiedlungen
standen.

Die neue Bleibe war ein Reihenhaus, die Nachbarn
rechts und links ruhrgebietstypisch spießig und klein-
geistig. In der ganzen Reihenhauskette war ich der einzige Mensch, der einer geregelten Arbeit nachging, alle
anderen waren Rentner, Staublungen aus dem Berg-
bau. Nach der Legende hat auch der sagenhafte Aufstieg der Firma Aldi in diesem Stadtteil seinen Anfang
genommen. Der Kohlebergbau der Vergangenheit hatte
seine Spuren in der Landschaft hinterlassen, ein För-
derturm, Eisenbahnschienen und Hügel, mit Spazier-
wegen und grünen Wiesen und einem Friedhof. Die Bo-

denerhebung waren alte Abraumhalden, was einem
Geologen schnell auffällt, denn die Landformen sind
nicht natürlich und im Laufe der Zeit entstanden, sondern ohne jeden Zweifel Haufen von irgendwas. Ein
Stück Straße in der Nachbarschaft war in miserablem
Zustand, obwohl es oft repariert wurde. Das war ein
Bergfallgebiet, unter dem alte Stollen zusammenfielen,
was sich gelegentlich in der Form eines kleinen Erdbe-
bens mit klirrenden Gläsern im Schrank offenbarte.

Das Vorstehende mag sich wie die Beschreibung einer trostlosen Industriegegend lesen. Kann sein. Aus
meiner Sicht war der Umzug in das Kleine-Leute-Um-
feld der Bergarbeiter und Rentner eine Verbesserung.
Wir hatten mehr Platz, einen Garten, in dem ich eine
Schaukel baute, Blumen und Küchenkräuter pflanzte,
mehr offenes Land mit Wiesen und Äckern drumher-
um, auch wenn es nur begrünte Abraumhalden waren.
Hatte ich mich schon mit der Stadt, mit dem Ruhrge-
biet und mit meinem Leben in so einer Welt abgefunden? Noch nicht ganz.

Die erste und einzige Demo in meinem Leben. Die
Sache war zu wichtig, um sich nicht dagegen zu weh-
ren: Die Nato hatte vor, neue Atomraketen in Deutschland aufzustellen.

Am 12. Dezember 1979 fasste die NATO einen Be-
schluss aus zwei Teilen, daher Doppelbeschluss genannt: Sie kündigte die Aufstellung neuer mit Atom-
sprengköpfen bestückter Raketen und Marschflugkör-
per in Westeuropa an. Sie begründeten sie als Moder-
nisierung und Ausgleich einer Lücke in der atomaren
Abschreckung, die die sowjetische Stationierung der
SS-20-Raketen bewirkt habe. Gleichzeitig verlangte die
NATO bilaterale Verhandlungen der Supermächte über
die Begrenzung ihrer atomaren Mittelstreckenraketen

einer Reichweite zwischen 1.000 und 5.500 km in Europa. Beide Teile, Raketenaufstellung und Rüstungskontrolle, sollten einander ergänzen und parallel vollzogen werden.

In Westeuropa entstand daraufhin in kurzer Zeit eine breite Friedensbewegung mit verschiedenen Themenschwerpunkten und vielen neuen organisatorisch und ideologisch unabhängigen Initiativen. Sie veranstalteten Massendemonstrationen, darunter die Friedensdemonstration im Bonner Hofgarten (10. Oktober 1981, 350.000 Teilnehmer).

Die Friedensbewegung lehnte den Doppelbeschluss insgesamt ab, weil sie die angekündigten Raketen als qualitativ neuen Aufrüstungsschritt für eine offensive Atomkriegsstrategie ansah und das Wettrüsten beider Blöcke beenden wollte. Dieses drohe der politischen Kontrolle zu entgleiten und in einen Atomkrieg zu münden. Deshalb forderte der Krefelder Appell vom November 1980 den Verzicht auf die Aufstellung neuer Atomraketen, die Abkehr von der militärischen Gleichgewichtsdoktrin und ein atomwaffenfreies Europa. Es half nicht: Ab Dezember 1983 wurden die neuen Atomraketen aufgestellt.

Die Logik der Raketenbefürworter hat mir nie eingeleuchtet. Das Gemeine an Kurzstreckenraketen ist ja, dass sie nur wenige Minuten unterwegs sind und daher, anders als Interkontinentalraketen, praktisch nicht abgefangen werden können. Am Ziel, das sie nach einer kurzen Strecke erreichen, zerstören sie alles. Egal, dass die Militärs uns erzählen, sie seien ja nur mit »kleinen« Gefechtsköpfen bestückt. Einerlei. Am Ende, Angriff hin und Abwehr her, ist alles kaputt, verbrannt, tot. Was gibt es da noch zu verteidigen? Was bringt ein militärischer Gewinn in dieser Situation? Wir vereinfachten unsere Ansicht in einem einzigen Satz: »Lieber rot als tot.«

Am Tag der Demo herrschte in Bonn strahlendes Herbstwetter. Aus jedem Stadtteil in Essen fuhren Busse nach Bonn, die Stimmung war friedlich (es war ja eine Friedensdemonstration), man versammelte sich im Hofgarten, um die Reden zu hören, stellte sich am Stand bei Gyros und Döner an oder lag faul im Gras auf den Rheinauen. In jedem Fall haben wir dem Frieden gedient, auf unsere Art.

Sommer 1982, Libyen, Ausland

Der Umzug in das nette Reihenhaus war noch nicht richtig abgeschlossen, als ich von der Firma nach Libyen geschickt. Wir hatten gerade erst die Umzugskisten auf die Seite gestellt, als ich nach Benghazi fliegen musste. Sohn winkt an der Glasscheibe am Flugplatz in Düsseldorf. Tränen.

Der Flug nach Libyen, erst mit Swissair nach Tripolis, dann weiter mit Libyan Arab Airlines nach Benghazi, war schrecklich. Der Flieger hatte bei der Landung mit außergewöhnlich starken Turbulenzen zu kämpfen, die abends zwischen Wüste und Meer auftraten. Die Landung gelang erst mit dem dritten Anflug. Ich hatte Angst und die Orientierung verloren. Dazu kamen die Gedanken an einen ungeklärten Zwischenfall, den die Kollegen im Büro immer wieder beim Kaffee besprochen hatten:

Im Juni 1980 stürzte eine DC-9 der italienischen Fluggesellschaft Itavia auf dem Wege von Bologna nach Palermo aus ungeklärter Ursache ins Tyrrhenische Meer. Alle 81 Insassen starben bei dem Flugzeugunglück.

Es gab daher andere Spekulationen: Nach einer Theorie war es ein Anschlagsversuch von französischen oder amerikanischen Fliegern auf Gaddafis Regierungsmaschine, eine Tupolew Tu-134, einer DC-9 ähnlich, der an dem fraglichen Abend auf dem Heimweg von einem Staatsbesuch in Polen war. Andere spekulierten, dass zwei libysche bzw. für Libyen bestimmte MiG-23 von Jugoslawien nach Libyen zur Überführung unterwegs waren. Nachdem sie die Adria im Tiefflug überquert und dadurch das italienische Radarnetz unterflogen hatten, hätten die zwei MiGs versucht, im Radarschatten der DC-9 unentdeckt von Bologna bis nach Palermo zu kommen und seien dabei Quellen gingen davon aus, dass die DC-9 von einer Luft-Luft-Rakete abgeschossen wurde, nachdem es am Abend des 27. Juni über dem Tyrrhenischen Meer zu einem Luftkampf zwischen einer Gruppe von NATO-Jägern gekommen war, zwei MiGs der libyschen Luftwaffe, von denen eine später in Kalabrien zerschellte. Man nahm an, dass alle Radaraufzeichnungen italienischer Radarstationen auf Befehl höherer Stäbe vernichtet worden seien von italienischen Starfightern entdeckt worden. Eine weitere Theorie mutmaßte von mehreren libyschen MiGs über Italien im Kampf gegeneinander, wobei eine der MiGs von einem abtrünnigen Piloten oder Söldner geflogen wurde, der auch Gaddafis Maschine abschießen wollte.

Das war der Stand der Information oder besser der Stand der Spekulationen, als ich zum ersten Mal mit Angst und gemischten Gefühlen von Zürich nach Tripolis zur Arbeit flog.

Erst vierzehn Jahre später, als Wrackteile und Flugschreiber geborgen worden waren, kam ein internationales Gutachten zu dem Ergebnis, dass es sich um eine Bombenexplosion im Inneren des Flugzeuges gehandelt habe, und zwar in der Toilette, welche steuerbordseitig im Heck lag. Trotzdem konnte zweifelsfrei nachgewiesen werden, dass sich militärische Flugzeuge im Absturzgebiet aufhielten. Zum Zeitpunkt des Absturzes gab es Flüge von NATO-Flugzeugen und französischen Flugzeugen. Radardaten lassen auf neun Jagdflugzeuge schließen. Eine Reihe von Todesfällen von Angehörigen der italienischen Luftwaffe führte zu Gerüchten über eine Verschwörung zur Beseitigung von Tatbeteiligten und Mitwissern. Im Januar 2013 berichteten italienische Medien über das Verschwinden des Tonbands mit den Sprachaufzeichnungen des Itavia-Flugs 870.

Von dem Flug abgesehen, war ich gerne in Libyen, die Arbeit hat mir Spaß gemacht. Libyen war gar nicht so übel, wenn man es mit dem vergleicht, was man heutzutage in den Nachrichten liest. Ich arbeitete jeweils sechs Wochen in Libyen und hatte dann drei, vier Wochen frei mit der Familie in Deutschland. Mein Sohn war inzwischen ein Jahr alt und die Zeit zu Hause war willkommen, um Haus und Garten nach unserem Gusto einzurichten. Es war Sommer und außer, dass ich immer daran denken musste, bald wieder zur Arbeit losfliegen zu müssen, verbrachten wir zusammen eine schöne Zeit.

Monate vor meinem Einsatz hatte ich die Gelegenheit, etwas Arabisch zu lernen. Zwar konnte ich nicht einmal das ganze Alphabet, nützlich war es trotzdem, denn diese Kenntnis erlaubte es mir, Wegweiser und Straßenschilder zu entziffern und auf den Anzeigetafeln am Flugplatz nachzusehen, welches Flugzeug, an welchem Flugsteig wartete. Nicht viel, aber praktisch; ich war der sprichwörtliche Einäugige unter den Blinden.

Außerdem war Libyen meine erste Gelegenheit, wieder ins Gelände zu kommen ein Gelände, das nur aus Wüste, Sanddünen und Steinen bestand. Und doch: Die Wüste zeigte sich reicher an Abwechslung, als ich es mir vorgestellt hatte. Selbst in der langweiligsten, flachsten Sandwüste gibt es für das Geologenauge es viel zu beobachten.

Die Firma mit dem Büro in Benghazi, war ein seltsam gemischter Haufen. Es wurde intrigiert, gelogen, Fallen wurden gestellt und professionelle Bosheiten ausgeteilt. Die Leute mochten sich gegenseitig nicht, mussten aber trotzdem zusammenbleiben, da es außer dem Gästehaus und dem Strand in Benghazi keinen Ausweich und nichts zu erleben gab. Die wenigen Firmenautos zwangen uns zu Fahrgemeinschaften und ich, ein williger Neuling, wurde bald zu dem Frühstücksfahrer nominiert, der die Meute täglich vom Gästehaus zum Büro chauffierte und dann am Nachmittag zum Strand, wobei es als mein Versagen galt, wenn der eine oder andere Herr nicht rechtzeitig aus dem Bett kam und die ganze Fuhre wenige Minuten zu spät im Büro ankam. Der Verkehr war – sagen wir mal – etwas ungewohnt. Chaotisch. Nach etwa einer Woche des Hin- und Herfahrens fragte ich die mitfahrenden Kollegen im Auto, die schon länger hier waren, ob in Libyen eigentlich Links- oder Rechtsverkehr üblich sei. Ich bekam keine Antwort, nur lautes Lachen.

Ja, Strand. Benghazi liegt am Strand und in wenigen Minuten Autofahrt konnte man nach der Büroarbeit am Sandstrand des Mittelmeeres abhängen. Fatalerweise war der Strand mit Tretminen aus dem Zweiten Weltkrieg verseucht, aus der Zeit als Rommel dort vorbeizog. Die Bewegungsfreiheit am Strand war daher eingeschränkt. Man möge doch tunlichst auf den Wegen bleiben, die von den Autos schon hundertmal befahren worden waren, wurden wir gewarnt. Und doch, vielleicht bei einer unbesonnenen Pinkelpause, fand man sich im dornigen Gebüsch und sorgte sich bei jedem Schritt: »Knackt es jetzt, wenn ich drauftrete oder nicht?« Angeblich knacken Tretminen, wenn man darauf tritt und explodieren, erst dann, wenn wann den Fuß wegnimmt. Glücklicherweise sammelte ich keine Erfahrungen damit. Täglich am Strand, nachmittags von 15.00 Uhr an (das Büro schloss um 14.30 Uhr) bis zum – zwangsweise gemeinsamen – Abendessen gegen 19.00 Uhr im Gästehaus. Danach Kurzwellenradio zur Unterhaltung und zum Einschlafen, der Falklandkrieg hatte gerade angefangen.

Der Falklandkrieg war ein Krieg zwischen Argentinien und dem Vereinigten Königreich um die Falklandinseln (auch Malwinen), der von April bis Juni 1982 andauerte. Wenngleich durch den argentinischen Angriff auf die Inseln überrascht, war Großbritannien schließlich überlegen, und die Inseln blieben in britischer Hand, was den Wünschen ihrer Bevölkerung entsprach. In Argentinien führte der Ausgang des Krieges zum Sturz der Militärjunta und zur Wiederherstellung eines demokratischen Systems.

Gelegentlich gab es eine Sauferei mit Kollegen, wobei die irische Chefsekretärin die Leitkuh war. Gerade weil Alkohol in Libyen grundsätzlich verboten war, hatte er einen hohen Stellenwert. Fast alle Kollegen brauten heimlich Bier, es gab sonst nichts zu tun. Stewardessen der Libyan Arab Airways schmuggelten *Duty-Free*-Schnaps. Ganz schauderhaft war der *Dowell Moonshine*, ein Gesöff der übelsten Art und unbekannten Ursprungs, das in 25-Liter-Plastikkanistern gehandelt wurde. Die blauen Kanister waren vorher für Chemikalien auf den Ölfeldern gebraucht worden und daher in großer Zahl verfügbar und in den Augen der »Revolutionären Garden« relativ unauffällig, jenen Handlangern des Regimes, die nachts als Vigilanten durch die Straßen zogen und Autos anhielten. Das Geschäftsmodell war so, dass sich der Käufer etwa einen Liter Schnaps aus dem Kanister nahm und dann wieder mit Wasser auffüllte. Daraufhin wurde der Kanister – für den gleichen Preis – weiterverkauft. Die Brühe verursachte katastrophale Kopfschmerzen. Nur wenig besser war es mit dem selbst gebrauten Bier, das man aus Gründen der sozialen Kohärenz oft mitsaufen musste.

Die Versorgung mit Lebensmitteln in Benghazi und Tripolis war prekär. In den Läden gab es nur zwei Sachen: dänische Plätzchen und Thunfisch in der 2-Liter-Dose. Es ist schwer, daraus eine Mahlzeit zu bereiten. Eier und Brot gab es – manchmal – bei fliegenden Händlern am Straßenrand. Dementsprechend war das Essen im Gästehaus ein mieser Fraß, aber alternativlos. Die einzige Abwechslung in der Stadt war eine versteckte Küche, in der türkische Gastarbeiter (viele sprachen gut Deutsch) in alten Konservendosen eine herzhafte Suppe aus Hartweizen und Huhn kochten. Draußen in der Wüste, im Camp bei den Bohrungen, schien die Lage etwas besser. Einerseits, weil dort einmal in der Woche ein kleines Flugzeug frisches Gemüse und gefrorenes Fleisch direkt aus Malta brachte, andererseits, weil es eine Abwechslung von der Stadt und ein anderer Koch war.

Zigaretten waren oft knapp, für Raucher, wie ich damals, eine Situation mit einer bedrohlichen Perspektive. Reisende aus Deutschland brachten Pakete mit, eine Zeitung und hoffentlich ein oder zwei Stangen Marlboro. Ich erinnere mich, wie ich so ein Päckchen bekommen hatte und am nächsten Tag meinen Leuten im Zeichenbüro, die damals noch mit Tusche und Transparentfolie werkelten, jeweils zwei Kippen auf den Arbeitstisch legte, eine Geste, die mir tagelang Dankesreden einbrachte. Ich kann mir jetzt gut vorstellen, warum Zigaretten in der Nachkriegszeit zur Ersatzwährung wurden.

Die Wüste

Mein erster Flug in die Wüste zur Bohrstelle war in einer zweimotorigen Twin-Otter. Das Flugzeug hatte nur zwei Sitze für Passagiere. Die anderen Sitze waren abgeschraubt, um Platz zu schaffen, für ein halbes, gefrorenes Rind, Körbe mit Gemüse und Stapeln von Coca-Cola- und Fanta-Kartons. Der einzige Passagier außer mir war ein dürrer, schwarzer Geophysiker aus dem Sudan, den wir unterwegs zur Bohrung bei einer Seismik-Trupp absetzen wollten. Es war Ramadan, Fastenzeit. Nach dem Start stellten die libyschen Piloten den Autopiloten ein, nahmen die Sitzlehnen zurück und waren in wenigen Minuten tief eingeschlafen, was wir

von unseren Passagiersitzen ganz hinten gut sehen
konnten. Manchmal, vielleicht wegen Turbulenzen,
fing das Flugzeug an zu bocken und zu ruckeln. Dann
wachte einer der Piloten auf, drehte hektisch an irgendwelchen Knöpfen am Instrumentenbrett und fiel
dann sofort wieder in tiefen Schlaf. Ich hatte Angst.
Aber ich hatte noch ein anderes Problem. Mein Mor-
genkaffee wollte raus. Über der Wüste ist es auf
Reiseflughöhe erstaunlich kühl, was meinen Drang
noch weiter verstärkte. Noch zwei Stunden Flugzeit.
Ich ging meine Möglichkeiten durch. Da war der Kanister mit zwanzig Litern Trinkwasser, eine lebenswichti-
ge Reserve im Fall einer Notlandung in der Wüste.
Nein! Oder in die Hose? Nein, wie peinlich wäre das,
wenn man nach der Landung so aus dem Flieger aus-
stiege. Ich betrachtete die Utensilien in meiner Tasche.
Die Rettung war eine Leitz Klarsichthülle, in der ich
Landkarten aufbewahrte. Der Firma Leitz und dem Er-
finder der wasserdichten Prospekthülle sei tausendmal
gedankt für ihre nützliche Entwicklung. Eine Stunde,
nachdem die Entspannung eingesetzt hatte und ich
mich über die solide, wasserdichte Verarbeitung deutscher Klarsichthüllen freute, setzten wir zur Zwischenlandung im Camp der Seismologen an. Aus dem Fenster
waren die Staubfahnen zweier Jeeps sehen, die uns auf
der Landepiste folgten, um einen Teil der Ladung in
Empfang zu nehmen. Wohin jetzt mit der »Tüte«? Die
Tür war auf, ich konnte die Tüte gerade noch im Wind
der leerlaufenden Propeller hinter dem Leitwerk entsorgen als auch schon der *Party Chief*, der Boss des
seismischen Trupps, zackig auf mich zu trat, meine
Hand schüttelte (ich gehörte ja zur Firma des Auftrag-
gebers) und uns einlud, für ein paar Minuten im Schat-

ten der Tragflächen zu rasten, während das Flugzeug entladen wurde. Kalte *Softdrinks* stünden da für uns bereit. »Danke!«

Es war meine allererste Bohrung und sie hieß A1-NC107. A1 für die erste Bohrung in der Konzession 107. Ich war gut vorbereitet, ahnte aber nicht, wie wenig ich trotzdem noch von allem verstand. Meine Freude an der Arbeit wurde von meinem vorgesetzten Obergeologen getrübt, der auf einer formal komplizierten Berichtsprache und deren Abkürzungen bestand. Das war das Einzige, was er wirklich konnte. Der Tagesbericht wurde per Sprechfunk über, SSB-Radio in offener englischer Sprache, mittags an das Büro in Benghazi durchgegeben. Um zum Funkgerät zu kommen, war es notwendig eine gute Stunde geradeaus durch die Wüste zu einem anderen Camp fahren. Dort, im sogenannten Oxy Camp, hatten einige Kontraktoren (Subunternehmer) wie Schlumberger, Dowell oder Flopetrol ihre Büros und Lager. Dort gab es einen kleinen Flugplatz und eine Kantine, in der man den Kanister im Auto wieder mit kaltem Wasser auffüllen konnte. Es roch nach Öl. Erdöl. Zum ersten Mal erschnupperte ich, wie das Zeug, aus dem so Geld gemacht wird, riecht: So wie an der Tankstelle.

Zur Unterhaltung hatte ich einen Walkman, damals ein teures Gerät, um Musik in guter Qualität im Kopfhörer zu genießen, und Kassetten mit klassischer Musik und Jazz dabei. An den Abenden hörte ich in der Wüste auf Mittelwelle sogar Sender aus Deutschland und pflegte auf diese Weise mein Heimweh. Ab und zu kam ein Brief aus Deutschland, den reisende Kollegen mitgebracht hatten und der dann – auf oft rätselhaften Wegen – zu mir ins Camp in der Wüste gelangt war.

Dieserart erfuhr ich auch, dass ich wieder, zum zweiten Mal, Vater werden würde. Ich wollte sofort zu Hause in Deutschland anrufen, aber das war keineswegs einfach. Ich lieh mir den Land Rover, den ich sonst brauchte, um zum Oxy-Camp zu fahren und machte mich alleine (was auch nicht erlaubt war) auf den Weg in das nächste Städtchen (Augila, jetzt Awjilah), ohne genau zu wissen, was ich dort anstellen wollte. Kurz vor der Stadt begegnete ich einem anderen Auto, das sich im Treibsand festgefahren hatte. Wie es sich in der Wüste gehört, hielt ich an und bot meine Hilfe an, die gerne angenommen wurde. In dem anderen Auto waren zwei französische Techniker. Ich schleppte ihren Wagen frei und wir kamen ins Gespräch. Sie bauten gerade eine Telefonvermittlung in Augila. Aha. Was ich hier wollte? Telefonieren. Die netten Franzosen nahmen mich mit zu ihrer Vermittlungsanlage, einem Häuschen ohne Fenster und ohne Personal. Türen wurden geöffnet und wir standen im Herzen der Anlage vor Verteilerschränken. Einer der Techniker nahm einen Telefonhörer aus seiner Tasche, so ein Gerät, wie es die Außendienstler verwenden, verband es mit Kontakten in dem Schaltschrank und wählte unsere Nummer in Deutschland. Ich war erleichtert ein paar Minuten mit Erika in Deutschland zu reden. Es war ein wichtiges Gespräch. Ich denke immer noch darüber nach, wie unwahrscheinlich diese Kette von glücklichen Umständen war, die es mir ermöglichte, nach Hause zu telefonieren.

Es gab auch andere, unerwartete Ereignisse. Regen in der Wüste zum Beispiel. Nachts. Zwar nur zwei Stunden, aber – entgegen jeder Erwartung – versickert das Wasser nicht schnell im Wüstensand, sondern steht in Pfützen und kleinen Seen und das, was einmal Sand war, klumpt wie Ackerboden im Herbst an den Schuhen und verdreckt jeden Trailer.

Der Flug in die Heimat, alle sechs Wochen, ging von Benghazi nach Tripolis, wo die Passkontrolle vorgenommen wurde und der Einstieg in die DC-9 der Swissair den Zugang zur zivilisierten Welt, aber auch stundenlanges Anstehen bedeutete. Der Zoll sichtete die Koffer und krakelte dann mit Schulkreide Symbole (arabische Schriftzeichen?) auf das Gepäck, um es bei ihren Kollegen passieren zu lassen. Die richtigen Insider steckten sich ein Stück Kreide in die Tasche und kritzelten, noch vor dem Zoll, irgendetwas auf ihren Koffer, wurden daher nicht kontrolliert und kamen damit durch. Ich hatte nicht den Mut dazu.

Tripolis – Zürich, zweieinhalb Stunden, dann weiter nach München, einen Tag abhängen und chillen und dann nach Hause über Düsseldorf nach Essen. Mein Kollege aus der Bohrabteilung schaffte die Heimreise in weniger als sechs Stunden, vom Camp bis zu seiner Haustür Düsseldorf. Ich nahm mir dafür drei Tage Zeit, weil ich einen Abstecher über München einschob, um bei einem Tag im Englischen Garten, bei Weißwurst und Bier wieder normal zu werden.

Das Flugzeug von und nach Tripolis war immer voll mit Leuten, die in Libyen arbeiteten, sicherlich keine Touristen, und entsprechend war die Stimmung, insbesondere auf dem Heimflug. Sobald das Flugzeug halbwegs die Reiseflughöhe erreicht hatte und das Fasten-*seat-belt*-Zeichen ausgeschaltet war, ging es an die harten Sachen, Schnaps und Bier. Für die meisten fing hier der Urlaub an. Auf einem der Heimflüge hatte ich mir vorher zurechtgelegt, dass ich den Anfang meiner freien Zeit erst in München mit einem frisch gezapften

Bier im Krug zelebrieren wollte und nicht mit lauwarmem Dosenbier in der Holzklasse. Das Kabinenpersonal nahm die Bestellungen auf: »*What can I get you, Sir?*« – »Nein, Danke, ich brauche nichts.« Die Stewardess wurde schlagartig fürsorglich, als ich den Alkohol ablehnte; ob ich denn etwas Wasser wolle oder vielleicht Medizin bräuchte, sie hätte leider nur Aspirin, oder einen Arzt, sie könne das ja mal über den Bordlautsprecher durchgeben? Ach, wie lieb war sie und wie fürsorglich. Ich mochte diese Airline!

Zurück in Essen

Nach einem Jahr war meine Zeit in Libyen vorbei. Zurück in Essen. Erika war mit unserem zweiten Kind schwanger und dabei gab es Komplikationen. Meine Tochter kam entgegen allen düsteren Vorhersagen gesund und normal auf die Welt. Da Erika konnte sich nicht zwischen Hausgeburt, was gerade Mode war, und Krankenhaus entscheiden. Also wählte sie den Zwischenweg und kam schon am Tag nach der Geburt nach Hause. Ich hatte mir eine Woche Urlaub genommen und es fiel mir daher zu, die Kleine zu baden und zu wickeln. Das ist für den Anfänger schwierig, aber mit Übung ohne weiteres machbar. Glücklicherweise hatte ich vorher einem Kurs im Krankenhaus gelernt, wie man kleine Kinder anfasst, denn das ist nicht trivial (nasse Babys flutschen nur so durch die Finger), badet, trocknet, wickelt und dann in ihre Kleidung stopft.

Der Umzug in Essen in ein winziges Reihenhaus war, wie schon beschrieben, ein Schritt in ein besseres Leben. Allerdings musste im Winter der Kohleofen angefeuert werden, denn eine zentrale Heizung gab es nicht, der Ofen hielt das ganze Haus, Keller und zwei

Etagen, warm. Vom Vermieter, einem ehemaligen Bergmann, gab es billige Deputatkohle, die meist ungefragt vor das Haus gekippt wurde und die ich dann in den Keller schaufelte. Mühe, schwarzer Staub – aber billig.

Im Keller – ein Partykeller im Stil der 70er Jahre, vom Vermieter überlassen – hatte ich meine Heimwerkerutensilien, neben dem Kohlenkeller und vor der Bar stand mein Schreibtisch mit Computer und Drucker. Das war zu einer Zeit, als noch kaum jemand wusste, wozu man einen Computer braucht. Das Gerät war ein Tandy TRS-80 mit ganzen vier Kilobyte an Speicher, einem grünen, monochromen Monitor und zwei 5½ Zoll-Diskettenlaufwerken. Auf einem war das Betriebssystem, das – welche Freude – Groß- und Kleinbuchstaben darstellte und druckte.

Ich war immer noch mit der Idee beschäftigt, meine Doktorarbeit zu schreiben, praktischerweise etwas am Computer: »Simulation von Transport und Zerbrechungsvorgängen an Sandkörnern«. Da saß ich viele Nächte und programmierte Sachen in BASIC, die man heutzutage mit anderen Programmsprachen (MatLab zum Beispiel) mit wenigen Mausklicks erledigen kann. Ja, eine Maus gab es damals auch noch nicht. So etwas kam erst zwei Jahre später auf den Markt und kostete am Anfang über hundert Mark. Um es kurz zu machen, die Dissertation wurde nie fertig, ich hatte nicht genug Zeit und verlor nach einem Jahr Nachtarbeit im Keller das Interesse an dem fast unmöglichen Projekt.

Auch in diese Zeit fiel ein Kochkurs, den ich bei der Arbeiterwohlfahrt absolvierte. AWO deswegen, weil sie die beste Schulküche in der Stadt hatte. Es war ein Kochkurs ausdrücklich nur für Männer, abends nach der Arbeit. Die Lehrerin war die einzige Frau und sie erledigte ihre Aufgabe, den Männerhaufen anzuleiten, sehr gut. Wir kochten in Gruppen verschiedene Suppen, Salate, Hauptgerichte, Nachtische und es gehörte zum guten Ton, bei jedem Team und von jeder Speise zu kosten und konstruktiv zu kritisieren. Das Essen, das wir kochten, war echt spitze und so reichlich, dass selbst am nächsten Morgen das Frühstück noch nicht reinpasste.

Eigentlich war es eine gute Zeit. Wir hatten etwas Geld, kauften unseren ersten Farbfernseher und anderen Konsumkrempel, denn meine Arbeit brachte inzwischen mehr ein als das monatliche Minimum. Wir hatten einen Garten, Freunde in der Nachbarschaft, kleinbürgerliche Romantik, die wir schön fanden.

Die Wende und die furchtbare Zeit begannen im Sommer 1983, als wir im Urlaub auf der holländischen Insel Schiermonnikoog merkten, dass unsere Tochter ein Problem mit den Augen hatte. Wir fürchteten Schlimmstes und waren mit unserer Annahme nicht weit davon weg: An einem Abend, als ich die Kleine fütterte, merkte ich, dass sie nicht wie sonst nach dem Löffel vor ihr griff und auch etwas still geworden war. Das Schwarze in den Augen sah weißlich aus. Der Inselarzt traute sich nicht, eine Diagnose abzugeben, riet uns aber, besser umgehend nach Hause zu fahren. Die Heimfahrt von der Insel war einer der traurigsten Momente in meinem ganzen Leben. Dann in der Augenklinik in Essen, wie befürchtet, die Diagnose: »Grauer Star, muss sofort operiert werden.« Ein dreimonatiges Baby, das noch gestillt wird! Erika ging mit in die Augenklinik und langweilte sich dort tagelang ganz schrecklich. Ich selbst hatte mit meiner Firma ausgehandelt, halbtags zu arbeiten, um mich wenigstens am Nachmittag um unseren zwei Jahre alten Sohn zu kümmern. Was dann folgte, waren Operationen und Monate des Wartens und vor allem des Hoffens. Es war ein himmelsgleicher Durchbruch, als wir zum ersten Mal erlebten, wie die Kleine über den dunklen Teppichboden krabbelte und gezielt mit zwei Fingern einen weißen Wollfaden aufhob. Grund zur Hoffnung, dass das Augenproblem sich nicht in der extremsten Form ausbilden würde. Die Kleine bekam eine Brille, ein hässliches Ding mit dicken Gläsern, das sie sich bei jeder Gelegenheit vom Gesicht streifte. Erika bastelte ein Mützchen, das gleichzeitig als Halter für die schwere Brille funktionierte. Eine Neuigkeit, die der Augenarzt begeistert fotografierte und in eine Fachzeitschrift veröffentlichte.

Auf der positiven Seite – ja, es gab auch positive Aspekte – fand ich Zugang zu einer Musikgruppe in der Firma. Der oberste Manager der Bohrabteilung spielte Trompete und ich Klarinette dazu, wir verstanden uns musikalisch. Dabei waren auch ein Banjo, ein Waschbrett und an manchen Tagen ein Geophysiker mit seiner Posaune. Eines Tages schenkte mir die Gruppe ein gebrauchtes Tenorsaxofon, das sie unter den Kleinanzeigen der Wochenzeitung gefunden hatten. Ich war besessen von dem Ton, der – wie ich finde – genau wie eine männliche Singstimme klingt. Es hat nur Tage gedauert, bis ich damit ein paar Melodien spielen konnte.

Das Ende dieses Lebensabschnittes stand eine Grillfeier mit der Firma, zu der unsere Gruppe einlud und Musik machte. Wenige Wochen danach begann meine Arbeit in Indonesien.

K.E. Schech

Die Zeit in Indonesien

Sommer 1984. Ich ging jeden Tag brav ins Büro und freute mich, eine feste Arbeit zu haben. Es war die Zeit, in der die jungen Mitarbeiter durch die verschiedenen Außenstellen »rotiert« wurden und ich erwartete meine Versetzung. Da ich gerade an Seismik für Angola arbeitete und mein Vorgesetzter mir Hoffnung auf ein Posting, ein Jahr in Luanda machte, kaufte ich mir ein Paperback über Angola und versuchte mich darauf einzustellen. Eine andere, damals nahe liegende Möglichkeit war eine Entsendung nach Norwegen. Dort unterhielt die Firma ein grosses Büro und brauchte Leute. Norwegen war bekannt als teuer, aber im Gegensatz zu Angola ein *Posting* mit Familie. Es kam anders.

An einem Dienstag, nach dem wöchentlichen Treffen der Abteilungsleiter, kam mein Chef am Nachmittage zu mir: »Sie gehen ab Juni für ein paar Monate nach Indonesien, ist das so okay für Sie?«

Nach meiner Zeit in Libyen, bei der ich aus wichtigen Gründen nach einem Jahr bei meinem Boss um Ablösung gebeten hatte, war es klar: Diesmal in Indonesien musste ich unter allen Umständen durchhalten, um meine Zukunft in der Firma nicht zu gefährden. Also versuchte ich, dort alles positiv zu sehen, mit allem zurechtzukommen.

Es war geplant, dass ich nur drei, vier Monate als Bohrungsgeologe in Indonesien bleiben sollte, ein paar Berichte schreiben, Karten malen und fertig. Auch dieser Plan entwickelte sich nicht wie vorgesehen. Ich hatte einen Zweijahresentsendungsvertrag-mit-Familie unterschrieben. Daraus sind inzwischen mehr als drei Jahrzehnte geworden. Am Anfang fand ich es erstrebenswert, länger in Indonesien zu bleiben. Jetzt – viele Jahre später – weiß ich nicht mehr, ob das gut oder nicht gut war und wie das Leben sonst abgelaufen wäre.

Dabei kommt mir ein Zitat aus Aesops Fabeln in den Sinn:»Bedenke gut, was du dir wünschst, es könnte wahr werden.«

Jakarta

Nach Libyen war Indonesien eine andere und eine bessere Erfahrung. Die Menschen dort waren netter und freundlicher als die Araber, das Essen besser und die Straßen sicher.

Den ersten Eindruck, den Geruch nach dem Öffnen der Flugzeugtür, feuchte, tropische Luft und Kerosin, habe ich lange nicht vergessen. Schon der Empfang in Jakarta war freundlich: Nach einem langen Flug in einer DC-10 der Swissair (gibt es heute leider nicht mehr) landete ich in Halim, dem alten internationalen Flugplatz nahe an der Stadt, und wurde vom Obergeologen und dem Exploration Manager samt deren Familien abgeholt und begrüßt. So ein netter Empfang ist mir beruflich weder vorher noch später zuteilgeworden. Auf der Fahrt zum Hotel merkte ich, dass man auf der linken Straßenseite fährt, das hatte mir keiner vorher gesagt. Auch egal. Ich wurde im Hotel abgesetzt:»Wir holen Sie morgen ab, wenn Sie ausgeschlafen haben.« Ich war sofort bezaubert von den hinreißenden Damen an der Rezeption und denen, die, mit einem langen Schlitz im Rock, mein Frühstück im *Coffee Shop* servierten. Alle erschienen mir wie Engel.

In der Zeit zwischen meiner Ankunft und dem Beginn der Bohrung unterhielt mich ein Kollege mit Fahrten ins Umland, zur Südküste, in die Berge und allerlei schummerige Lokalitäten, meist im Norden der Stadt, am Strand. Andere gaben sich Mühe, mich in das Milieu in Jakarta einzuführen, und gaben mir allerlei gute und schlechte Ratschläge.

Ein erstes und etwas nerviges Erlebnis war die Einladung von einem Kollegen in eine offene Garküche auf dem Markt Chinatown, auf dem die Holländer damals schon ihre Bananen gekauft hatten. Mitten auf dem Platz saßen wir eng an eng mit anderen Essern, und genossen unsere Nudelsuppe mit Fleischbällchen (»*Mie Bakso*«). Das Essen war gut, die Situation gewöhnungsbedürftig. Ich übte zum ersten Mal, mit Stäbchen zu essen, und wurde dabei von einer Horde Kinder aufmerksam beobachtet. Jeder Happen, den ich mir in den Mund schob, wurde von einem Dutzend Augenpaaren verfolgt. Anders auch die Küche und Spüle, Teller und Schüsseln, die in Eimern unter dem Tisch gewaschen wurden. In meinen Gedanken klangen noch Zitate aus meinem Indonesien-Reisebuch nach: »Achten sie auf Hygiene!« Und: »Essen Sie nicht in zweifelhaften Essstuben, sondern nur in guten Hotels!« Oder: »Wasser muss grundsätzlich immer abgekocht werden oder sollte aus sterilen Quellen kommen!« Ich habe in meinen ersten Wochen in Südostasien alles falsch gemacht und trotzdem ging es mir gut. Das gab mir Mut.

Tarakan

Pulau Tibi-1 war der Name meiner ersten Bohrung in Indonesien. Die Bohrung, die ich betreuen sollte, lag in Ost-Kalimantan nahe Tarakan, einer kleinen Insel mit einer gleichnamigen Stadt. Tarakan liegt zwei Flüge und vier Flugstunden weit von Jakarta. Von Jakarta ging der erste Flug mit einem kleinen Jet nach Balikpapan, eine Öl- und Industriestadt mit einer Raffinerie. Nach zwei Stunden des Wartens und erst nach dem Mittagessen begann der zweite Teil der Reise, der Flug mit einem alten und innen lauten Propellerflugzeug (Hawker Siddeley HS 748) auf die Insel, auf der schon seit kolonialer Zeit Öl gefördert wurde. Es war wenig beruhigend, dass auf dem Weg zur Toilette im Flugplatzgebäude das verbeulte Hinterteil eines solchen Flugzeuges, augenscheinlich Reste einer Bruchlandung, lagerte.

Tarakan ist eine Stadt auf der gleichnamigen Insel vorgelagert dem indonesischen Teil der Insel Borneo (seit der Unabhängigkeit Indonesiens Kalimantan genannt). Die Stadt liegt knapp 50 km südlich der Grenze zum malaysischen Bundesstaat Sabah. Tarakan orientiert sich an der Öl- und Holzwirtschaft. Die Gegend ist dünn besiedelt. Ein Teil der Stadt und der Markt steht auf Pfählen, die ins Meer reichen.

Die ersten Ölfelder wurden schon um 1901 entdeckt.

Im Laufe des Zweiten Weltkrieges eröffnete Japan im Januar 1942 den Krieg gegen Niederländisch-Indien. Das Ziel der Japaner waren Ölquellen, Raffinerien für Öl und die Wege für den Zu- und Abtransport der Erzeugnisse durch einen Flughafen. Am 11. Januar landeten 20.000 japanische Soldaten an der Ostküste von Tarakan, da dort die Konzentration der niederländischen Soldaten deutlich geringer war. Die Westküste war für eine Landungsaktion wesentlich besser geeignet, so dass die Niederländer sehr überrascht waren, als die Japaner von Osten kamen. Tarakan blieb bis zum Kriegsende im Mai 1945 von den Japanern besetzt.

Im Mai 1945 wurde die Stadt in einer zweiten Schlacht, die fast einen Monat dauerte, von der australischen 26. Brigadegruppe von der japanischen Besatzung befreit. Ziel der Operation war es, die Ölfelder der Region rückzusichern und eine strategische Ausgangsposition zu erstellen für potenzielle Luftunterstützungen der Ostküste Borneos. Die Stadt Tarakan musste schnell gesichert werden, wozu insbesondere die Sicherung des Flughafens zählte.

Immer noch derselbe Flughafen auf dem ich landete. Von der Schlacht um Tarakan zeugten ein Landungsboot und ein Panzer, beide längst von Mangroven über- und durchwachsen – ein populäres Fotomotiv für jeden neuen Besucher. An manchen Stellen entlang der Hauptstraße waren (leere) Artilleriegranaten eingegraben und dienten dort als Begrenzung das Gehweges oder einer Einfahrt.

Die alten Ölfelder förderten noch immer das schwarze Gold aus Bohrungen, die aus der Zeit weit vor dem Krieg stammten. Dazu gesellten sich alte Bohrtürme, die keinem Zweck mehr dienten, tropfende Pipelines. Die zusammengenieteten Tanks, die das Rohöl vor der Tankerverladung sammelten, standen bedenklich schief und weithin sichtbar auf einem Hügel über dem Hafen. Für uns ein hilfreicher Fixpunkt bei der Küstennavigation.

Ich hatte vorher viel gehört von der Arbeit und noch mehr von dem losen Nachtleben auf der Insel, die angeblich wie eine Grenzstadt im Wilden Westen tickte. Es stimmte in gewisser Weise, war doch anders. Die Eingangstür zur Hotelbar, in der wir auch frühstückten, war voll mit allerlei Firmenaufklebern, jede Firma hatte ihre sichtbaren Spuren hinterlassen. Das Feldbüro war in der Lobby des Hotels untergebracht: Ein Telefon und ein SSB-Funkgerät mit Verbindung nach Jakarta und zur Bohrung, denn das Telefon war nur auf der Insel zu gebrauchen, aber nicht für Ferngespräche. Dazu ein Jeep, ein Fahrer mit dem merkwürdigen Namen Superman (ein ziemlich normaler javanischer Name). Die Dame an der Rezeption, eine dralle, meist quietschvergnügte Frau aus Surabaya, war, wie ich später erfuhr, die Freundin unseres Geophysikers. Ein paar Straßen weiter, nach dem Abendessen leicht zu Fuß zu erreichen, hielt ein schummeriger Schuppen, Rosy's Bar, die Tür für uns offen. Mädchen warteten darauf, den Besuchern der Bar Gesellschaft zu leisten. Bequem auf dem Weg zwischen Hotel und Bar lag ein Restaurant der einfachsten Klasse, das frisch gefangenen Seefisch auf Holzkohle grillte, eine Abwechslung zu dem eintönigen Hotelessen. Ein anderes beliebtes Lokal war auf Krebse mit Chilisoße spezialisiert. Das Krebslokal hatte einen gemeinsamen Eingang mit dem berüchtigten Rig-7, einem weitläufigen Komplex aus Sperrholzhütten, der der Prostitution diente und vom Militär betrieben wurde.

Im Grunde genommen drehte sich aber doch alles um Arbeit, um die Bohrung. Die schwimmende Bohranlage wurde von der Hafenmeisterei festgehalten und kam erst nach zehn Tagen und gegen dickes Schmiergeld frei. Zu Beginn jeder neuen Explorationsbohrung, im Jargon wildcat genannt, war es gebräuchlich eine Feier, die *pre-spud*-Party zu veranstalten. Dazu kamen die Ehrengäste, Leute der Staatsölgesellschaft und Honoratioren aus der Verwaltung der Region. Ein Wasserbüffel wurde geschlachtet, der hohe Besuch abgefüttert und abends – auf deren Wunsch hin und wie es üblich war – auf Firmenkosten mit Mädchen für die Nacht versorgt.

Die Bohrstelle war mit dem Boot in zwei Stunden von Tarakan aus zu erreichen. Der Bohrpunkt lag in einem Teich, der an der Küste in den Monaten zuvor für die Anlage (drei Meter Tiefgang) ausgebaggert worden war. Wie schon befürchtet, lief vieles schief: Gerät und Gestänge blieben im Bohrloch hängen, Dieseltreibstoff wurde in irrwitzigen Mengen gestohlen ($60 \, m^3$ in einer

Nacht) und selbst die vorgesehene Teufe der Bohrung wurde – vielleicht sogar absichtlich – nie erreicht. Die Bohrung war, wie ich aus heutiger Sicht sagen kann, von Anfang an ein hoffnungsloses Unterfangen. Sie basierte auf falschen Karten, saudummer Interpretation und noch dümmerer Bohrplanung, ausgeführt von Bohrleuten, die sich einen Dreck um den Erfolg der Arbeit sorgten, sondern vom ersten Moment an Stunk und miese Laune verbreiteten. Sie Stimmung war so schwer zu ertragen, dass sogar das Personalwesen in Essen Anlass sah, die Bohrung zu besuchen und die Bohrmuckel in ihre Schranken zu verweisen und Ruhe zu stiften. Arbeitsfrieden nannte man das.

Nach nur fünf Wochen war alles vorbei, die Bohrleute wieder in Deutschland, die letzten Berichte verfasst und wieder Ruhe im Büro in Jakarta. Der Chefgeologe, vorher mein Boss, wurde ins Hauptbüro zurückbeordert und dann wurde auch noch der Leiter der Explorationsabteilung versetzt. Zuletzt stieg ein zahlender Partner, eine amerikanische Firma im venture, wegen der versemmelten Bohrung aus dem Projekt aus. Diese verschiedenen und zufälligen Umstände führten dazu, dass ich in wenigen Monaten vom bescheidenen Bohrungsgeologen zum Exploration Manager-*ad-interim* aufstieg. Das bedeutete in so einer kleinen Zweigstelle zwar nicht viel, führte aber dazu, dass ich von anderen Firmen zu *functions* und Weihnachtsfeiern eingeladen wurde und neue Kollegen in der Industrie kennenlernte. Man war eben jemand.

Karriere?

Zwei Jahre später, 1986, war meine Faszination für Ost-Kalimantan immer noch nicht verblasst und ich sah sehnlichst der Zeit entgegen, wieder nach Tarakan fliegen zu dürfen. Dorthin, wo alles freier und reizvoller war, wo der Himmel in einem tieferen Blau strahlte. Endlich kam die Zeit.

Die Firma machte seismische Messungen und zur Vorbereitung gab es für mich einiges zu tun. Ich bestellte ich tonnenweise Sprengstoff in Singapur und flog mit Dynamit-Attrappen von dort nach Jakarta, wobei sich zu meiner Enttäuschung kein Mensch und keine Kontrolle für die potenziell gefährlichen Dinger in meinem Koffer interessierte, ich wurde einfach durchgewunken. Die Sensoren, die ich für die Seismik ausgesucht hatte, waren allerneueste Technik, billig und technisch hochklassig, aber militärisches Material aus Amerika, das eigentlich unter gar keinen Umständen exportiert werden durfte. Es waren Reste jener Sensoren, die vor Vietnam im Meer und im Mekong Delta versenkt wurden, um Truppenbewegungen und U-Boote mit akustischen Methoden aufzuspüren. Ich glaube, es war die einzige seismische Kampagne, die jemals solche Wegwerf-Hydrophone benutzt hatte, das aber sehr erfolgreich. Wir hatten damit später unübertroffen gute Daten vom Untergrund in der Kiste und darauf kam es an.

Ein anderer Geländejob in Kalimantan war das Aufstellen von Radar-Reflektoren. Die Reflektoren, dreieckige Konstruktionen aus Weißblech, brauchte ich als Kontrollpunkte für Radar-Bilder (SAR, *synthetic-aperture-radar*-Bilder). Die Arbeit bestand darin, die Blechdinger an bekannten Stellen entlang der Küste des Arbeitsgebietes (etwa 120 km) im Gelände aufzubauen und die Stelle zu vermessen und zu dokumentieren, um sie später auf den Radarbildern wiederzuerkennen. Es gab noch kein GPS und man gebrauchte umständliche Satellitentriangulation für die genauere Ortsbestimmung. Dazu musste eine hohe Antenne aufgebaut und einige Tage lang beobachtet werden, bis die Satelliten oft genug über den Messpunkt geflogen waren, um die Position wirklich akkurat und auf ein paar Meter genau bestimmen zu können. Google-Earth war noch nicht einmal denkbar. Ferner war das ganze Projekt halb illegal, da man alle Luftbilder eigentlich erst von der Armee genehmigt bekommen musste, was normalerweise Monate gedauert und Schmiergeld gekostet hätte. Am Ende bekam ich meine Radarbilder im Wert von fast fünfzigtausend Dollar unter dem Tisch in der Lobby eines Hotels in einer schwarzen Einkaufstüte zugesteckt. Auch so machte man damals manchmal Geschäfte.

Etwas lustiger war der Auftrag, an verschiedenen Stellen im Urwald Gasproben aus dem Boden zu nehmen. Gas war schon da, das blubberte ja nur so aus dem Boden, nur die geeignete Methode, die Proben zu sammeln, war nicht klar. In verschieden Telexen aus dem Büro in Essen, weit weg von der Realität des Regenwaldes, wurde mir nahegelegt, eine Gasmaske zu tragen, aber nicht gesagt, woher ich so ein Ding denn bitte bekommen sollte. Man stelle sich vor, bei tropischer Hitze im Küstensumpf zwischen Mangroven herumzulaufen und dabei noch eine Gasmaske zu tragen. Kurzum, ich bekam meine Gasproben auch so und mit improvisiertem Gerät zusammen, eingesammelt in evakuierten Glasröhrchen, wie sie der Arzt zur Blutprobe verwendet. Neben der Arbeit hatte ich eine hochinteressante und tief befriedigende Woche im Gelände, jeden Tag mit dem Boot unterwegs, jede Nacht irgendwo anders. Ich sah Delfine, Schildkröten und fliegende Fische im Meer, kleine Krokodile im Busch, erschrak mich bis auf die Knochen vor einem Wildschwein im Busch und war stolz, mit Kompass und selbstgemalter Karte (von den SAR Bildern) entlang der Küste und durch kleine Kanäle, die selbst mein einheimischer Bootsführer nicht kannte, navigieren zu können.

Ich erlebte einen beunruhigenden Abend auf der kleinen Insel Nunukan an der Grenze zu Sabah, Malaysia, wo wir in einer winzigen Unterkunft aus Brettern und Balken übernachteten. Nunukan ist ein Schmugglernest (offiziell Grenzstadt), nur ein paar Kilometer südlich von Tawau in Malaysia gelegen. Geschmuggelt wurde alles: Frische Orangen, gestohlene Yamaha-Außenbordmotoren, Ballen von gebrauchten Kleidern aus Spenden vom Roten Kreuz, Diesel in Fässern. Die Herberge für die Nacht war eine Spelunke, eine Mischung aus Disco, Hotel, Bar, Restaurant und vielleicht auch Puff. Gemischtes Publikum. An diesem Abend waren Polizei und Armee unter den Gästen (was selten ein gutes Ende nahm) und die tranken und fingen dann an, herumzuschießen. Mir war dabei sehr unwohl, denn ich lag in meinem Bett über der Disco, nur durch einen Bretterboden getrennt von der Streiterei. Es fand alles ein gutes Ende, aber ich war sehr froh, am nächsten Tag wieder auf dem Wasser und nur den ganz normalen Gefahren wie Wind, Wellen und kleinen Krokodilen ausgesetzt zu sein.

Meine Geländearbeit lief parallel zu der Seismik, ich hatte daher logistische Unterstützung, warmes Essen und die Möglichkeit, im *Base Camp*, einem Wohn-Ponton, zu übernachten. Beim gemeinsamen Abendessen in der Herberge, mitten im Urwald eines Flussdeltas, polemisierte der französische Boss des Seismik-Teams, dass er von nun an keinen minderwertigen dänischen Camembert in Dosen auf seinem Tisch mehr akzeptieren wolle, sondern nur beste französische Ware und er würde einen Brief an das Hauptquartier seiner Firma in Paris schreiben, um auf dieses unzumutbare Problem aufmerksam zu machen. Jeder hat eben seine eigenen Sorgen. In derselben Nacht erwischte uns ein kleiner Tornado und nahm das Wellblechdach mit. Danach regnete es auf alles, Aufzeichnungen, Elektronik, Matratzen, Funkgerät. Camembert oder Brie waren nun nicht mehr so wichtig wie am Vorabend. Ich war froh, am nächsten Morgen wieder in mein Boot zu steigen und weiterzuziehen; noch ein paar Proben und dann ab ins Hotel nach Tarakan, wo eine heiße Dusche und eine liebevolle Massage zu erwarten waren. Ja, ich hatte begonnen, mich in Nordost Kalimantan daheim zu fühlen, es wurde mehr und mehr »mein Gelände«, so wie damals mein Kartiergebiet in Sommerhausen oder die Uran-Gebiete im Bayerischen Wald. Ich hatte Freunde und viele Freundinnen.

Um hier einmal kurz im Text innezuhalten: Exkursionen, Bayerwald, Wüste in Libyen, Urwald in Kalimantan – immer war ich froh und mit meinem Leben glücklich, wenn ich »raus« durfte, ins Gelände, in die Natur, in die Freiheit. Draußen zu sein war immer besser als im stickigen Büro herumzusitzen. Dabei war das Wetter nie wichtig. Als Geländegeologen hatten wir den Spruch drauf: »Es gibt kein schlechtes Wetter, nur unzweckmäßige Ausrüstung.« Ich habe tagelang in strömendem Regen gearbeitet, bei knackigem Frost in der Oberpfalz mit steifen Fingern im Schnee Kabel für geoelektrische Messungen herumgezerrt. Auch die Wüste, brüllheiß und trocken, hat mir nichts ausgemacht. Nur »kein Wetter«, also kühl, grau, Nieselregen für Wochen (wie zum Beispiel in Essen), das konnte ich nie ausstehen.

Wieder zwei Jahre später, meine Seismik hatte eine neue Struktur gefunden, die angebohrt werden sollte. Diesmal war das meine eigene Bohrung, mein eigenes geistiges Kind. Ich hatte die Karten gezeichnet und jedem gesagt: »Da bohren, ja, genau hier.« Ich hatte die Idee, ganz entgegen der Anweisung meines Chefs (»die Firma hat kein Geld dafür«), im Hauptbüro durchgeboxt und zu meiner großen Überraschung genehmigt bekommen. In dieser Zeit arbeitete ich wie wild, nur gebremst von einem neuen Vorgesetzten, der wenig von der Materie verstand und jede neue Idee, jeden Vorschlag von mir, nicht als technische Verbesserung, sondern als Angriff auf seine Position auslegte. Ein lebender Nullfilter, ein Bremsklotz aus Fleisch und Blut. Ich habe erst hinterher erfahren, dass er mich auch bei allen Leuten in Essen angeschwärzt und dort giftige Lügen über mich verbreitet hatte. Naiv und unwissend verrichtete ich weiter treu und brav meine Arbeit, flog geschäftig zwischen der Bohrung und Jakarta hin und her, transportierte Computerbänder, kümmerte mich um die Auswertung von Messungen, betreute den labilen Logistik-Manager, damit er nicht schon vor dem Mittagessen besoffen war und seine *Purchase Orders* noch rechtzeitig unterschreiben konnte. Ich malte Folien für Präsentationen und schrieb meine Berichte, hatte den Daumen auf dem Budget, begleitete Bohrer und andere Reisende ins Gelände, übersetzte in Meetings und war am Wochenende – wenn gerade in Jakarta – auch noch am Telex, um die Tagesberichte weiterzu-

schicken. Insgesamt brachte ich so einhunderteinund-
zwanzig extra Tage zusammen, die ich irgendwann mal
abfeiern sollte.

Die zweite Bohrung, meine Bohrung, war erfolgreich und hatte Gas gefunden. Das Prozedere war wie
vor zwei Jahren. Eine kleine Party mit Gebeten und
seltsamen Zeremonien zum Beginn der Arbeiten, sechs
Wochen Durchführung und diesmal lief alles glatt. Der
Kopf eines Opfertieres wurde in das Loch gelegt, durch
das Stunden später der erste Meißel bohren sollte. Borneo, also auch Tarakan und der sumpfige Küstenstrei-
fen, soweit besiedelt, waren berühmt und berüchtigt
für ihre Magie und die Zauberkräfte, vor denen sich
insbesondere die Indonesier javanischer Herkunft
fürchteten. Inmitten solcher okkulten Umgebung konnte ich nicht unterdrücken – ich war gerade Monate vorher geschieden worden – meinen nunmehr bedeutungslosen Ehering in das Loch mit dem Opfertier zu
werfen.

Wie schon gesagt, meine Bohrung war in jeder Weise erfolgreich.

Die Ausgaben für geologische Zwecke, die Kosten,
die ich zu verantworten hatte, blieben schön im Bereich der Planung und an sich hätten alle zufrieden
sein können. Ich hoffte auf eine Beförderung, eine Ge-
haltserhöhung oder zumindest auf ein anerkennendes
Wort von meinem unausstehlichen und verkniffenen
Boss oder aus der Zentrale in Essen.

Es kam nichts dergleichen. Nein, es kam alles ganz
anders. Jemand legte einen Brief aus der Personalabteilung auf meinen Schreibtisch: »Bitte unterschreiben
sie unten auf der gestrichelten Linie«. Ich sollte entlassen werden, mich mit etwas Geld abfinden lassen, oder

sonst wie verschwinden, denn der Firma ginge es gerade nicht so gut. Loyalität – zum Teufel damit. Die gesamte Ölindustrie war wieder mal in der Krise und der Ölpreis auf einem langjährigen Minimum.

Inzwischen zogen Computer mehr und mehr ins Büro ein. Der einzige Computer in unserem Büro, war nach Vorgabe der Fachabteilung in Deutschland ein DEC, eine Art Mini-VAX, mit einer extra Steckkarte, auf der das damals populäre CP/M-Betriebssystem lief, mit dem es möglich war, wenigstens Berichte zu schreiben, bescheidene Mittel zur Textverarbeitung, WordStar, war zu dieser Zeit beliebt. Der DEC hatte ein solides Stahlblechgehäuse, war aber so, wie er mit seinem exotischen Betriebssystem herumstand, völlig nutzlos, es gab keine sinnvolle Software für unsere Zwecke. Als mein Boss im Urlaub war, ersetzte ich die obsolete Kiste mit einem der ersten IBM-PCs – und wurde dafür fast gefeuert. So etwas macht man eben nicht. Wenigstens konnten wir nun nach der Arbeitszeit primitive Spiele laufenlassen (»*Digger*«) und kleine Meisterschaften zwischen den Abteilungen veranstalten. Ein technischer Fortschritt.

Heute denke ich zurück an die 8oer Jahre, als mein Boss, den ich so wenig mochte, und viele andere Leute seines Alters mit 55 Jahren in den Ruhestand geschickt wurden und 85 Prozent ihres letzten Einkommens aus einer Mischung aus Arbeitslosengeld, Abfindung und Rente bekamen. Wir Jungen waren deppert, genug zu glauben, dass die Sachlage für uns später auch noch so sein würde. Ganz falsch! Wir, die Jahrgänge der 5oer und 6oer, wurden betrogen! »Die Renten sind sicher!« – welcher Fundamentalquatsch! Einen großen Teil dieses Generationenbetruges laste ich den Vertretern des

Turbokapitalismus an, den Banken die mit unserem Geld zocken, der EZB, die den Kaufwert unserer Renten wegschmelzen lässt, um die Wirtschaft zu stärken.

Mit Familie in Jakarta

Wir blicken noch mal zurück in das erste Jahr in Indonesien. Nach vier Monaten im Hotel und nach der ersten Bohrung bekam ich von der Firma ein Haus zugewiesen und die Familie, Erika und meine beiden Kinder, kamen nach Jakarta nach. Das Haus lag zutreffenderweise im Oil Village, einer kleinen Siedlung, die der Staatsölgesellschaft Pertamina gehörte. Deswegen waren meine Nachbarn Firmenkollegen und Expats von anderen Ölfirmen, Conoco, Asamera, Mobil Oil und einigen anderen, die ich inzwischen vergessen habe oder die es jetzt gar nicht mehr gibt. Im vorderen, dem besseren Teil des Village wohnten Direktoren, Minister und der spätere Präsident Habibie. Auch der schweigsame Herr aus der Personalabteilung war ein Nachbar, ein Mensch, der zwar freundlich tat, aber alles und jedes aufschrieb, kommentierte dann an das Hauptbüro in Essen weiterleitete, zur Verwendung in der Personalakte, wie ich später herausfand.

Der tägliche Weg vom Village zur Arbeit im Büro dauerte fünfzehn Minuten mit dem Auto. Mein Haus hatte drei Schlafzimmer, zwei geräumige Badezimmer, ein vollgetanktes Firmenauto in der Garage, einen Fahrer und zwei Hausmädchen, einen Gärtner, der zudem noch als Nachtwächter Dienst tat und abends vor dem Tor schlief und auf diese Weise versuchte, böse Menschen abzuschrecken. Einer Vorgabe der Firma folgend, so viele Leute wie möglich zu beschäftigen, hatte ich eine Köchin und eine Frau zum Waschen und Bügeln, um wenigstens einen Teil unseres Einkommens sichtbar im Lande zu lassen. Ich habe einen derartigen Level von Luxus nie wieder erreicht und war damals zu dumm, um es zu genießen.

Die Firma gab sich Mühe, den Kulturschock, dem ihre Auslandsarbeiter ausgesetzt waren, so niedrig wie möglich zu halten. Ein wichtiger Punkt war dabei immer das Erlernen der Landessprache. Vor meiner Zeit in Libyen hatte ich einen arabischen Sprachkurs besucht, in Indonesien kam die Sprachlehrerin zu mir ins Büro, jeden Donnerstag um vier, zum Ende der Arbeitszeit. Die Dame, eine nette Frau, erfüllte alle Klischees, die man von Lehrerinnen hat: Brille, das Haar mit einer goldenen Nadel zum Dutt zusammengesteckt, korrekt und formal in jeder Hinsicht. Sie sprach kein Deutsch, nur Holländisch und Englisch und doch kamen wir gut miteinander zurecht. Nach einigen Stunden legten wir auf mein Betreiben hin das weltfremde Lehrbuch zur Seite und nahmen eine bunte Tageszeitung, die zur Hälfte aus Cartoons und zur anderen Hälfte aus Mord, Totschlag und Sex bestand, als Lehrmaterial. Es sei hier angemerkt, dass die indonesische Sprache zwar grammatikalisch einfach, ja fast primitiv ist; es gibt keine Vergangenheits- und Zukunftsformen für Verben. Daher müssen semantische Feinheiten durch die geeignete Wortwahl ausgedrückt werden. Ich hatte das eine oder andere Wort auf der Straße aufgefangen und fragte meine geduldige Lehrerin nach deren Sinn. Nicht selten schlug sie die Hände über dem Kopf zusammen, als wollte sie sagen: »Um Himmels willen, wo haben Sie das gehört?« Eigentlich fragte sie mich, wo ich mich jüngsthin wieder herumgetrieben hätte. Oder sie antwortete: »Nein, nein, benutzen Sie dieses Wort niemals wieder.« Das Erlernen von Sprachen fiel mir eigentlich immer leicht – von Latein mal abgesehen.

In fußläufiger Entfernung von unserem Haus gab es Tennisplätze, auf denen ich mich ein paarmal versuchte, einen Pool, der für die Leute aus dem *Village* umsonst war, und einen winzigen, aber klimatisierten *Village Store*, dessen Geschäftsmodell darin bestand, importierte Konserven für teures Geld an die Expats zu verkaufen. Für frische Sachen, Obst und Gemüse, schickte man seine Haushälterin besser auf den Markt. Es gab Security, Nachtwächter, die nachts durch die einsamen Straßen streiften und sich um unsere Sicherheit sorgten.

Das Haustelefon war eine Nummer, die von der Vermittlung des *Village* per Hand durchgestellt wurde. Ferngespräche waren im Prinzip möglich, mussten aber Stunden vorher bei der Vermittlung angemeldet werden, nicht zu reden von den exorbitanten Kosten seines solchen Gespräches.

Familie und Arbeit waren und sind gegensätzliche und schwer zu verbindende Welten, abgesehen davon, dass mich meine Familie an manchen Nachmittagen im Büro abholte oder den Fahrer und das Auto brauchte, um irgendwo hinzukommen. Es liegt in der Natur der Auslandsentsendungen, dass die Expats zusammenrücken, sich um die Neuen kümmern und Gruppen bilden, manchmal nach Interessen, öfter nach Herkunft und Heimatland. Die britischen Frauen tranken nachmittags Gin und Tonic und nannten ihre Gruppe BWA, was *British Womens' Association* heißen sollte, aber meist als *Bitches, Witches and Alcoholics* ausgesprochen wurde. Die deutschen Frauen gruppierten sich einer Organisation, die sich »Die Brücke« nannte, also

etwas Verbindendes im Namen versinnbildlichen wollte. Wer konnte, suchte oder pflegte Anschluss zur Botschaft, zum Goethe-Institut, kaufte Brot (Heidebrot!)
bei einem bestimmten Bäcker und Wurst beim Herrn
Krämer, der aus Schwaben kam und in Jakarta hängen-
geblieben war und heute noch Wurst macht.

Es war ein deutscher Mikrokosmos am östlichen
Ende der Welt, der verschiedene Ausprägungen hatte.
In gewisser Weise war es angenehm, in einen Kreis
aufgenommen zu werden und Leute zu finden, die sich
kümmerten und nützliche Hinweise gaben. Zwangsläufig war der Mikrokosmos mehr von den Frauen der
Expat-Familien dominiert als von den Männern, die
meist den ganzen Tag auf der Arbeit oder wochenlang
im Busch verbrachten. Deshalb wurden bei den Treffen
mit den anderen Frauen Rivalitäten besprochen und
mancher überbrückender Nachmittagskaffee der Frau-
en riss Gräben auf mit Vergleichen wie: »Warum hat
mein Mann bei Siemens ein kleineres Auto als der meiner Nachbarin, der bei der Lufthansa arbeitet?«

Ein anderer Punkt, mit dem sich die Expat-Frauen
gegenseitig hochreizten, waren die Möglichkeiten, in
ein Wochenendhaus zu ziehen. Viele Firmen betrieben
einen oder mehrere Bungalows entweder am Strand, in
den Bergen oder auf einer kleinen Insel. Den Expats jener Firmen war es vergönnt jeden Monat oder jeden
zweiten Monat, je nach Hierarchie, ein langes Wochenende in der frischen Luft außerhalb der Stadt zu verbringen, chauffiert vom Firmenfahrer mit dem Firmen-
wagen und natürlich umsonst. Zugang zu einem Cot-
tage war ein wichtiges Statussymbol. Die Firma aus
Essen, die mich nach Jakarta gebracht hatte, hatte keine Cottages. Mir hat das nichts ausgemacht, aber meiner Frau fehlte ein Statussymbol, auf das man im ge-

eigneten Moment verweisen konnte. Als Ausgleich bezahlte die Firma eine Mitgliedschaft in einem Club (Tennis, Pool, Squash, Bowling oder Sauna). Man durfte sich den Club zwar aussuchen, wurde dann aber vom Boss mit klaren Worten darauf hingewiesen, doch besser in den Hilton-Club einzutreten, weil die Firma dort Rabatt bekam. Wir waren einige Male dort, erst mit Kindern, ich später abends und alleine, und ich habe mich dort immer fehl am Platz gefühlt. Nein, das war nicht meine Welt. Da galt der Spruch: »Zu Hause ein Würstchen, im Ausland ein Fürstchen«, in den Clubs erlebte man in aller Deutlichkeit, wie sich manche Weggenossen diesen Aspekt raushängen ließen.

An Tagen, an denen der Wind kräftig wehte, was in Jakarta erstaunlich selten vorkommt, rief vor dem Wochenende der Finanz-Manager unserer Firma an, wenn er Hände an Deck für sein Segelboot brauchte. Das war in der Regel ein kleiner Segeltörn am Samstag oder Sonntag, Wind, frische Luft (wichtig in Jakarta), Wellen, ein bisschen schwimmen und ein paar Dosen Bier. Sein Boot war groß, aus Sperrholz und Kunstharz und der Manager stolz darauf, zum Commodore des Segelklubs gewählt zu sein. Es waren meist schöne Wochenenden. Dabei habe ich genug gelernt, um zu wissen, dass es mir für einen Tag Spaß macht, aber nicht genug, um dafür viel Geld auszugeben oder gar davon zu träumen, später, nach der Rente, in der Karibik oder zwischen Inseln im Pazifik herumzusegeln. Segeln, so wurde kommentiert, sei, als ob man unter einer kalten Dusche stünde und dabei Geldscheine zerrisse.

Das andere Jakarta

Ich verkneife mir hier nur mit Mühe, das nachfolgende Kapitel mit *Sex and the City* zu überschreiben, es hätte auch gepasst.

Dieses Kapitel ist unter anderem eine Beschreibung dessen, was ich sonst noch in Jakarta erlebt habe, auch der falschen Entscheidungen, die zur Trennung von meiner Familie und zur Scheidung geführt und mich in die Lage gebracht haben, in der ich jetzt bin.

Es fing alles damit an, dass ein indonesischer Kollege, der in Deutschland studiert hatte, mich nach der Arbeit zu einem Ausflug durch die abendliche Stadt einlud. Unser Abend begann mit einer Mahlzeit in einer Bude am Straßenrand. Dann weiter, es war inzwischen dunkel, an den Strand in Nord-Jakarta, einem Vergnügungspark mit Musik, Essen, kleinen Läden, Billardtischen und Büdchen am Strand und Mädchen, die zwischen parkenden Autos und Palmen auf Gesellschaft warteten. Es war das erste Mal, dass ich ein Mädchen für die Nacht mitnahm. Damals wohnte ich noch im Hotel. Sie wollte früh kein Frühstück und dafür lieber zum Taxi gebracht werden, um auf gar keinen Fall alleine durch die Lobby laufen zu müssen und dabei vom Sicherheitsdienst belästigt werden. Ich tat ihr den Gefallen. Es war Sonntag früh, die Straßen noch leer. Die Sprachlehrerin, die mir vom Büro vermittelt worden war, fuhr im Auto vorbei und winkte uns zu. Sie war auf dem Weg zur Kirche.

The Club

Eine Kneipe, die ich oft, oft besuchte, war *»The Club«*, ein gewöhnliches Pub mit zwei Billardtischen, ordentlich gezapftem Bier vom Fass und einem *Dart Board*. Das Beste an der Kneipe war die strategische Lage im Block »M«, einer Einkaufsgegend. Es gab Parkplätze davor, Geschäfte in der Nähe zum Einkaufen, oder man konnte auf dem Weg von der Arbeit nach Hause auf ein Bier hereinschauen, Freunde oder Bekannte waren sicher da. Die Musik, in die Zeit und zu der Kneipe gehört, ist Billy Joël *»Piano Man«*. Das wurde dort zwar selten gespielt, beschreibt aber die Umstände, wie kein anderer Song es könnte. Öfter gespielt wurde Bobby McFerrins *»Don't worry, be happy«*.

Der »Club« war bekannt und beliebt unter den Leuten, die im Ölgeschäft arbeiteten: Driller, Vertreter, die tagsüber Röhren oder Bohrmeißel verkauften, Geologen wie ich, und relativ viele Geophysiker, die besonders viel soffen. Wir saßen an dem L-förmigen Bartresen, Mädchen kamen und gingen, schnorrten einen Drink oder luden zum Billardspiel ein. Es waren die Zeiten, als es unserer Industrie wieder einmal besser ging, die *Service Companies* dicke Weihnachtsfeiern veranstalteten. Der »Club« war das Wasserloch, die Tränke der Ölarbeiter. Von dort bin ich manchmal mit vorher gepacktem Koffer zum Nachtflug in den Busch gestartet oder auf dem Heimweg von irgendeiner Plattform zurück in die Zivilisation vorbeigekommen, auf ein Bier und für etwas menschliche Wärme zum Mitnehmen. Die hintere Bank am Tresen war oft mit Geophysikern besetzt, die dort fachsimpelten, ihren Geschäften nachgingen oder Preisabsprachen trafen. Später am Abend kamen die Mädchen, auch ältere, die schon bessere Zeiten gesehen hatten. Immer dieselben, man kannte sich; es war ein kleiner, in sich geschlossener Kosmos. Man spielte Billard, manchmal um Geld oder um das nächste Bier, oder Darts, man trank ein wenig, eine harmlose Unterhaltung. Heute weiß ich, dass die Regierung ihre Späher und Spione in den Kneipen hatte. Einerseits, um die Meinungen dort aufzufangen und weiterzuleiten, andererseits, um für die Gäste, fast alle Ausländer, eine sichere Umgebung zu garantieren.

Im Laufe der Jahre öffneten andere Pubs, manche mit Live-Musik, andere mit erstaunlich gutem Essen, soweit es in einer Kneipe überhaupt gutes Essen geben kann. Allen Bars und Kneipen war es gemeinsam, dass sie einen Billardtisch hatten und relativ sicher waren, keine Schlägereien, keine Drogen, nur unkomplizierte Unterhaltung. Die Mädchen, sie kamen und gingen oder kamen mit, wenn man das so wollte. Im Jahr 1986 installierte die erste Kneipe Satellitenfernsehen und auf mehreren Bildschirmen war CNN zu sehen. Fernsehen vom anderen Ende der Welt war eine kleine Sensation und bedeutete das Ende von Konversation, Billard und Darts.

Ein anderes Abendlokal, das hier unbedingt erwähnt werden muss, ist das »*Tanamur*«, eine Disco, wobei das -*amur* nichts mit *amour* im französischen Sinne zu tun hat, vielmehr ist der Name zusammengesetzt aus den Worten *Tanah Abang Timur*, der Namen des Stadtteils. Das Tanamur war das Lokal, wo alle und jeder zusammen kam: Stewardessen, die ein paar Tage Pause in Jakarta zu verbringen hatten, Leute aus den Botschaften, die nach ihren dienstlichen Partys noch mit Schlips, Fliege oder im Batikhemd auf einen Absacker vorbeischauten. Sogar Leute aus der Regierungsfamilie mit ihren Bodyguards habe ich gesehen. Sie sind dadurch aufgefallen, dass sie mit ihren Leibwächtern unterwegs waren und sich meist ausfällig und ruppig benahmen. Keine netten Menschen. Andere Gäste waren die Nutten von Nord-Jakarta, die hier auf Jagd gingen. Das Tanamur war ein Lokal, das eine gewisse Verruchtheit hatte, in dem keiner gesehen werden wollte, aber trotzdem jeder mindestens einmal gewesen war. Technisch gesehen war das Tanamur eine Mausefalle, ein enger Keller, proppenvoll, gerade genug Platz zum Stehen, aber mit nur einem einzigen, viel zu kleinen Ein- und Ausgang und ohne jedwede Notausgänge. Es war ein glücklicher Zufall, dass in den Jahrzehnten des Betriebes dort nie ein Feuer oder eine wilde Panik ausgebrochen ist.

Es fiel in diese Zeit, dass ich eine gebrauchte Kamera von einem Fotostudio kaufte. Eine Linhof-Fachkamera, ein Riesengerät von der Art, die in den 50er Jahren ihre Blütezeit gehabt hatten. Zu Hause hatte ich ein provisorisches Studio eingerichtet, mit Blitzgeräten und diversen Hintergründen aus Stoff oder Karton. Ich fotografierte Mädchen und Frauen aller Art, meine Haushälterin, ihre Kinder, Nachbarn oder Mädchen, die ich abends vom Strand nach Hause mitgenommen hatte, meine Gesellschaft in der letzten Nacht. Wer lange nur genug still hielt, wurde Modell. Heute, in der Retrospektive, schaudere ich darüber, was für einen Haufen Mist an Bildern ich damals fabriziert habe.

Fast gleichzeitig habe ich Zeichnen um Malen für mich wiederentdeckt, diesmal als *Air Brush*, auf Deutsch: Feinspritztechnik. Die Technik eignet sich auch vorzüglich zum Retuschieren von Fotos, wobei der Übergang von Retusche zu einem gänzlich neuen Bild sehr fließend ist.

Alleine in Jakarta

Nach etwa Ende 1986 war ich alleine in Jakarta, meine Familie war unter anderem wegen meines Lebenswandels nach Deutschland zurückgeflogen. Es kam eine Zeit, in der ich viel gearbeitet, aber auch viel in Kneipen herumgehangen, Mädchen abgeschleppt, Billard gespielt und Bier getrunken habe. Es war eine Zeit, in der ich mich in Jakarta zwar wie ein Fisch im Wasser bewegte, aber dabei einsam und gelangweilt war. Nach der Arbeit oder am Wochenende schickte ich den Firmenfahrer weg und bewegte mich dann ungebunden und unbeobachtet durch die schummrigen Bezirke, von einem Ende der Stadt zum anderen, teils aus Neugier, teils aus Langeweile, denn zu Hause in dem großen Haus im *Oil Village* fühlte ich mich alleine, sehr alleine. Es war nicht verwunderlich, dass ich in meiner Situation damals für Gesellschaft dankbar und dabei nicht wählerisch war.

Eines der Mädchen vom Strand, Nisah, blieb an mir hängen und quartierte sich in meinem immer noch zu großen, Haus ein. Sie blieb lange. Jahre. Eine Studentin aus Deutschland, hier als Lehrerin am Goethe Institut, war für Monate zu Besuch, vermittelt durch eine gemeinsame Bekannte aus der Abiturzeit und wohnte mit uns zusammen. Auch die lesbische Freundin von Nisah blieb lange im Haus und war eine Bereicherung, nicht wegen ihrer sexuellen Orientierung, sondern weil sie gut kochen konnte. Manchmal, freitags oder samstags fuhren wir in den frühen Morgenstunden, nach Disco oder Bar zum Fischerhafen in Chinatown und kauften frischen Fisch, Shrimps oder Tintenfisch für den nächsten Tag oder als eiweißreiche Zutaten zum *Nasi goreng*. Das ist gebratener Reis, der genauso banal und lecker ist, wie treudeutsche Bratkartoffeln.

Mit der Zeit kam immer öfter Verwandtschaft von Nisah aus ihrem Dorf, drei Stunden Busfahrt westlich von Jakarta. Manch einer wollte sich Geld leihen, was in Indonesien gleichbedeutend ist mit schnorren, denn es wird nie zurückgezahlt, was ich allerdings erst später begriffen habe. Andere klauten sich ein Stück aus meinem Kleiderschrank, das halb volle Sparschwein oder kamen mit der verständlichen Absicht, sich einfach nur einmal satt zu essen. Im Gegenzug besuchte ich Nisahs Dorf, ein *Kampung* draußen auf dem Lande, und sah anfangs alles, was mir dort passierte, als ethnische Studien einer obskuren Art an. Verständlich, denn meine Gegenwart mitsamt dem großen Toyota-Firmenwagen, war meist ein Ereignis für das ganze Dorf. Es wurde gekocht, gegessen und dann geschnorrt und gebettelt. Ob ich Medizin für das eine oder andere Zipperlein dabei hätte, die Medikamente vom Doktor seien zu teuer. Es war eine seltsame Art von Geben und Nehmen: Ich bekam sonderbare, berauschende Früchte aus dem Dorf mitgebracht, erlebte einen geheimnisvollen Schamanen, der Soldaten für ihren Einsatz im Krieg in Osttimor (ich habe anfangs davon geschrieben) vorbereitete und ihnen zu ihrem Einsatz angeblich schussfeste T-Shirts verkaufte und dafür nur Bargeld akzeptierte, keine Ratenzahlung. Ich habe viel und vieles erlebt, was keinem Reisenden oder Touristen begegnet wäre, habe aber auch dafür bezahlt, mit Geld, Zeit oder enttäuschten Erwartungen. Ein Geben und Nehmen einer skurrilen Art.

Ich hatte freie Zeit und wir machten Urlaub in Java mit Rucksack, Bus und Bahn. Wir, Nisah, ihre Freundin und ich waren drei Wochen zusammen unterwegs, einfach dahin, wohin uns der nächste Bus brachte. Manche Übernachtung war in einer primitiven Absteige, manchmal nicht mal mit einem richtigen Abendessen. Andere Tage führten uns auf das Dieng-Plateau, eine Gegend in Zentral-Java, in der Gemüse angebaut wird und die im Süd-Winter so kalt wird, dass sich morgens Raureif auf dem Gras bildet. Oder wir schlossen uns einer weiblichen Reisegruppe aus der Schweiz an, die wir in der Herberge in Yogyakarta kennengelernt hatten. Mit den Schweizern bestiegen wir den Hausberg von Yogya, den Merapi, ein aktiver Vulkan, der fast 3.000 Meter hoch in den Himmel ragt und gelegentlich raucht und schmaucht. Im Gegensatz zu Bergen in den Alpen sind Vulkane unkomplizierte, kegelförmige Erhebungen, was für den Bergwanderer bedeutet, dass es *immer* aufwärts oder abwärts geht; es gibt keine flachen Grate dazwischen, um Atmung und Herzschlag zur Ruhe kommen lassen. Diese Bergtour hat mir die Grenzen meiner Kräfte und meiner bergsteigerischen Möglichkeiten gezeigt. Ich vergesse auch nicht, wie kalt es auf einem Berg inmitten der Tropen sein kann, jedenfalls am Morgen, bevor die Sonne aufgeht. Ich hätte ein Vermögen für eine heiße Suppe und eine bessere Jacke gegeben.

Arbeitssuche, Zeit ganz unten

Wie schon in einem vorherigen Kapitel beschrieben wurde ich arbeitslos: Nach fünf Jahren Arbeit für die Firma, wurde mir vom Management signalisiert, dass meine Zeit dort zu Ende sei. Ende der Fahnenstange. Nach meiner erfolgreichen Bohrung, vielen Wochen im Gelände und vielen Wochenenden, an denen ich gearbeitet hatte, hatte ich so viele Überstunden angehäuft, dass ich mehr als ein halbes Jahr freigestellt werden sollte. Ich hatte Zwangsurlaub von Dezember bis August des nächsten Jahres, denn die Firma wollte meine

Überstunden, weit über hundert Arbeitstage, nicht mit Geld ausgleichen, was mir sehr gut gepasst hätte, sondern bestand darauf, dass ich sie abfeierte. Sie wollten mich loswerden. Ich durfte nicht mehr in der Dienstwohnung im *Oil Village* bleiben, der Dienstwagen wurde mit einer Schrottkiste Marke Mitsubishi mit kaputten Bremsen ersetzt. Immerhin waren die Aufenthaltserlaubnis und alle anderen Papiere noch nicht widerrufen.

Die Wohnung im Stadtteil Cikini

Mit Papieren, Auto und viel freier Zeit konnte ich billiger als in Deutschland leben und mich noch eine Weile in Jakarta herumdrücken. Und ich war nicht alleine, Nisah, die Freundin vom Strand war wieder aufgetaucht. Geld rückte mehr und mehr in den Vordergrund meines Denkens. Immerhin war es mir so möglich, die Zeit zu nutzen und nach einer neuen Arbeit zu suchen. Bei mehr als vierzig verschiedenen Ölfirmen in der Stadt sollte das nicht allzu schwierig werden, dachte ich.

Aber erst musste ich aus der Dienstwohnung ausziehen. Ich war auf der Suche nach einer bezahlbaren Bude. Nisah versuchte in dieser Zeit beim Goethe-Institut Deutsch zu lernen und wir suchten etwas in der Nähe, um an Fahrkosten zu sparen. Die neue Bleibe – der Begriff Wohnung passt hier nicht – lag im Stadtteil Cikini. Es war ein relativ großes, schmuddeliges 2-Zimmer-Apartment, in dem muffige Möbel herumstanden, aber auch Regale mit alten Zeitungen und Fotobüchern. Abends warteten vor der traurigen Behausung ein halbes Dutzend Mädchen auf eine Abtreibung bei dem Doktor, der illegal, aber stadtbekannt, im Erdgeschoss seine düstere Praxis betrieb. Die Ratten waren so groß wie Katzen und von dem Mülleimer des Doktors im Gang wollte man lieber gar nicht wissen, was da drin ist. Unmittelbar gegenüber war das vornehmste und teuerste Restaurant der ganzen Stadt. Die Musik von dort klang jeden Abend laut in unsere Bude, denn mangels Klimaanlage blieben unsere Fenster offen, nur Fliegendraht, schwül, die Luft bewegte sich nicht. Nie. Nebenan, von Stacheldraht abgegrenzt, die Botschaft der Deutschen Demokratischen Republik, vom Badezimmer aus gut einzusehen. Die Menschen dort waren nicht kontaktfreudig, antworteten nicht auf einen Gruß (weder auf Deutsch noch auf Indonesisch) und stellten abends das Licht ab, wahrscheinlich, um Geld zu sparen.

Es war eine abgedrehte Situation: Ich hatte kaum Geld, aber ein Firmenauto (sogar mit Sprit), viel Zeit, aber keine Arbeit, hatte ein volles Ticketkonto bei der Firma, das aber einzig und alleine für Flugtickets verwendet werden durfte. Um das Geld zu verbrauchen, flog ich alle zwei Wochen, nach Singapur, nur um im Flieger umsonst und gut essen zu können. *Business class!* Früh los, der Flug dauert eine Stunde und fünfzehn Minuten, dann in Singapur einen halben Tag auf der Orchard Road hin- und herlaufen, nichts kaufen, allenfalls zwei Kugeln Eis bei Häagen-Dasz, und am gleichen Tag abends wieder zurück nach Jakarta, um die Übernachtung zu sparen. Wieder ein warmes Essen und sogar ein, zwei Gläser Wein im Flieger. Singapur Airlines hatte das reichlichste Essen und war mit dem Wein großzügig. Selbst die Taxikosten konnte ich abrechnen und – wenn ich mit dem Bus zum Flugplatz fuhr – einen kleinen Geldbetrag erwirtschaften,

In Jakarta konnte ich mir einmal am Tag ein warmes Essen leisten *oder* zwei Bier *oder* etwas mehr Essen vom *Warung*, einer Garküche am Straßenrand. Hühnermägen mit Gemüse und Reis, eingewickelt im Bananenblatt, waren günstig und sättigend. Das war gar nicht mal schlecht.

Das übelste Essen, das ich in der Cikini-Zeit verschlungen habe, vielleicht sogar in meinem ganzen Leben, war an einem Abend, an dem schon alles geschlossen hatte, ein Feiertag. Nur die Neonlampen vor einem Warung, der sich arabisch gab, signalisierte, dass man hier noch ein warmes Essen bekommen könnte: »Ja klar, Reis.« – »Und was dazu?« – »Ziegenleber!« Auf Kosten des Hauses gab es dazu ein Glas lauwarmes Wasser, denn Tee war auch schon aus. Reis mit stinkender Ziegenleber, *medium rare* angebraten, und lauwarmes Wasser! Nisah war dabei und hat sich nichts anmerken lassen. Ich habe Tage gebraucht, bis ich den ekelhaften Geschmack im Mund wegbekam und hatte leider keinen Schnaps im Schrank, um den Rachen zu putzen.

Die Zeit in Cikini war der absolute Tiefpunkt. Frisch geschieden, ohne Geld, mit wenig Perspektive und ohne Hoffnung auf einen neuen oder besseren Job, denn die Ölindustrie war in diesem Jahr total im Eimer, alle Firmen entließen Leute. Ja, ich beschäftigte mich wenigstens ein- oder zweimal in der Woche mit *Business Calls,* Klinkenputzen, Lebensläufe verteilen, von denen die meisten schnell und ohne Antwort im Papierkorb endeten. Das illustrierte die Aussichtslosigkeit meiner Lage deutlich und schmerzhaft. Nach dem Geschäftlichen ging ich in die Kneipe, den »Club«. Oft saß ich nur am Straßenrand davor und löffelte irgendeinen Fraß vom Wägelchen am Straßenrand. Suppe mit

Fleischklößchen, von denen man besser nicht wissen wollte, von welchem Tier das graue Fleisch stammte. Hin und wieder bezahlte mir das eine oder andere Mädchen, das sich nachher um Kundschaft in der Bar bemühte, ein Bier. Man kannte sich ja noch.

Zurück in Deutschland – *flash-back*

An dieser Stelle erspare ich dem treuen Leser die komplizierten Einzelheiten, die dazu führten, dass ich noch einmal, wenn auch nur für Monate, in der alten Firma in Essen arbeitete und danach wieder nach Indonesien ging.

Man bräuchte mich wieder im Büro, denn eine Kollegin, bekäme bald ein Kind und meine Mitarbeit sei dringend notwendig. Es war alles erstunken und erlogen, wie ich bald sah. Kein Mensch brauchte mich und die Arbeit, die ich zugeteilt bekam, war die Art von Schrott mit hohem Frustrationspotenzial, Zeug, das man den Leuten vorlegt, von denen man hofft, dass sie daraufhin das Handtuch werfen und endlich kündigen und aus der Firma verschwinden. – Das wusste ich aber damals nicht und arbeitete mich brav durch diesen Mist.

Essen

Ich dachte, es könnte nach Cikini kaum noch schlimmer werden, aber die Rückkehr nach Deutschland war auch nicht schön. Gar nicht schön.

Nach fünf Jahren Ausland musste ich wieder in das muffige Büro, das ich früher schon nicht gemocht hatte. Ich war fünf Jahre älter, weiter, gewachsen, aber die hässlichen Sekretärinnen sahen immer noch den kleinen Trainee von damals in mir. Mein direkter Vorgesetzter war jemand, der zur gleichen Zeit wie ich eingestellt worden war, aber sich inzwischen in eine gute Position hochgeschleimert hatte. Er korrigierte Fehler in meinen englischen Vorlagen, weil er der Boss war und als Boss alles besser wusste. Die Arbeit war unbefriedigend und langweilig. Jetzt, mehr als zwanzig Jahre später, habe ich noch Alpträume aus der Zeit: Ich gehe in eine Firma, wo kein Platz, kein Schreibtisch für mich ist, gehe zu imaginären Vorgesetzten, die mich nicht kennen, bettle um eine Zurückversetzung ins Ausland, egal wohin, Hauptsache nur weg von hier, nur weg aus Essen, ins Ausland, und wenn es nur der Strand in Libyen ist.

Ich wohnte in einem winzigen Apartment in der vierten Etage, aber wenigstens nahe an der Firma, so dass ich es mir die täglichen Fahrtkosten mit Bahn oder Bus sparte. Da ich keine Möbel hatte, kaufte ich im Heimwerkermarkt Stapelkisten aus Plastik, in die ich meine Habseligkeiten zunächst einsortierte. Ein paar Hemden, die zu klein waren, Wäsche. Ich hatte keine Wintersachen. Eine Kiste mit Tabakspfeifen und das eine andere Erinnerungsstück aus Jakarta, das hier so fehl am Platz war. Immerhin war ein alter Elektroherd in der Küche (Kaffee!) und Erika stellte einen Esstisch, den sie nicht mehr brauchte, bei mir ab. Ich hatte einen wackeligen, braunen Ikea-Klappstuhl aus Plastik, einen Schlafsack und eine behagliche Dusche mit heißem Wasser. In einer Kiste fanden sich bunte Glasbrocken einer Schmelze aus einem Bach im Bayerischen Wald und versteinerte Hölzer, die ich entgegen allen Verordnungen heimlich aus Libyen mitgenommen hatte. Die Steine gruppierte ich um meine Dusche und freute mich jeden Morgen an den Gedanken, die mir die Brocken in die Erinnerung zurückriefen.

Die Wochenenden in Essen waren leer und trostlos. Ich half mir mit dicken Packen von Zeitungen, die ich Samstag und Sonntag lesen wollte oder saß abends alleine in einer Kneipe herum. Versuche, alte Verbindungen neu anzuknüpfen, mal wieder bei alten Freunden anzurufen, fielen unbefriedigend aus. Fünf Jahre sind eine lange Zeit; »verdammt lang her«, sagten andere. Essen war kein Platz für mich, ich wollte weg. Schnellstens. Die passende Musik zu den Wochenenden in Essen: »*Sunday Morning Coming Down*« von Johnny Cash.

Doch noch eine Bohrung in Indonesien

Hoffnung! Es ergab sich schon nach zwei Monaten trister Maloche in Essen, dass da ein Projekt in Indonesien meine Dienste brauchte. Ein Kollege hatte die Einzelheiten und das Entgelt verhandelt. Jeder Tag Arbeit sollte zusätzlich einen bezahlten Tag Urlaub bringen, kurzum Tagesrate mal zwei (Berater, Selbständige sind ja im Prinzip Tagelöhner). Die Zahlen waren klein, das Ergebnis groß. Die neue Arbeit war wieder Bohrungsgeologie, diesmal im Wechsel mit dem Kollegen. Der Ort der Bohrung lag im Meer, südlich der Vogelkopf-Halbinsel, Irian Jaya, heutzutage West Papua und – wie es sich später herausstellte – ein geologisch bedeutendes Projekt. Durch einen lustigen Zufall war ausgerechnet die Essener Firma, die mich loswerden wollte, an dem Projekt als Partner beteiligt.

Ich flog mit dem letzten Rest, den mein Dispo-Kredit noch hergab, und mit dem billigsten Flug, der zu finden war (Reisebüro: »Sagen Sie beim Einchecken auf keinen Fall, wo Sie das Ticket gekauft haben!«) nach Singapur, wo das *pre-spud-Meeting* stattfinden sollte, eine Vorbesprechung aller an dem Projekt beteiligten Parteien und Firmen, an dem alle Pläne gemeinsam durchgegangen werden und geklärt wird, wer die Tagesberichte bekommt und wer nicht und so weiter. Von diesem Punkt an gehörte ich zu der anderen Firma, zu einer anderen Welt. Der Kollege aus der Bohrabteilung, mit dem ich am Abend zuvor noch auf ein Bier in Singapurs Touristenstraße unterwegs war, saß am nächsten Tag auf der *anderen* Seite des Tisches, ein Vertreter einer fremden Firma.

In Jakarta hatte ich mir ein Zimmer in einem billigen Hotel reserviert, in der Klassifikation irgendwo zwischen Vertreter-Absteige und Stundenhotel. Im dritten Stock, gegenüber von meinem Zimmerchen, war eine japanische Bar. Man muss dazu wissen, dass die Japaner im Ausland unter sich bleiben wollen und deswegen die Preise in solchen Bars weit über dem Normalen liegen. Die Japaner-Bar war eine im alleruntersten Marktsegment. Ich war nie drin, habe aber oft mit den Mädels geplauscht, wenn ich vom Büro kam und in der Bar noch nichts los war, und wir teilten uns auf der Treppe einen Snack oder Schokolade. Das Hotel gibt es immer noch und ich lache jedes Mal, wenn ich daran vorbeifahre, dass ich hier meine Karriere als selbständiger Geologe angefangen habe; mit einigen zehntausend Mark Schulden von der Scheidung, einem Alu-Köfferchen mit starken Gebrauchsspuren und viel Optimismus. Meine alte Freundin Nisah aus den vorherigen Jahren und der Cikini-Zeit tauchte auch hier wieder auf und machte – wie es immer ihre Art war – mein Leben noch teurer und noch komplizierter als es ohnehin schon war.

Meine Arbeit bestand in der geologischen Betreuung einer interessanten Bohrung. Bedeutsam, weil die Bohrung die erste seit Jahrzehnten in dieser abgelegenen Gegend war, ein wichtiger Datenpunkt, und weil sie erstmals die ältesten Formationen in Indonesien angebohrte, ein geologisches Kuriosum. Irian Jaya, heute West Papua genannt, war und ist in vielerlei Art der »Wilde Osten« Indonesiens.

Im Jahre 1545 landete dort der Spanier Íñigo Ortiz de Retez und nannte die Insel »Neuguinea«, weil ihn die Küste an die des afrikanischen Guinea erinnerte, an der er zuvor vorbeigesegelt war. Später, 1623, kartographierte Jan Carstenszoon im Auftrag der niederländischen Ostindien-Kompanie große Teile der Küste. Von da an unterhielt die Kompanie geschäftliche und machtpolitisch motivierte Kontakte zu der Region und dem Sultanat Tidore, einer der wichtigsten Gewürzinseln. 1828 fand eine staatlich finanzierte Expedition der Niederländer in die Südsee statt, in deren Folge die Halbinsel Vogelkop (*Bird's Head*) im Westen der Insel besetzt und einige Siedlerkolonien errichtet wurden. 1884 wurde der Rest der Insel unter den Niederlanden, Großbritannien und dem Deutschen Reich aufgeteilt. Die Niederlande nahmen die Westhälfte der Insel (Niederländisch-Neuguinea), Großbritannien den Südosten (Britisch-Neuguinea), Deutschland den Nordosten (Kaiser-Wilhelms-Land, 1885 - 1919) in Besitz.

Im Pazifikkrieg besetzte die japanische Armee von 1942 – 1945 den Norden der Insel. Die erbitterten Kämpfe zwischen Japanern und Alliierten dauerten drei Jahre. An vielen Küstenorten liegen versunkene Kriegsschiffe aus jener Zeit, die heutzutage – verbotenerweise – von Wracktauchern besucht werden.

Das 1949 unabhängig gewordene Indonesien erhob Anspruch auf den Westteil von Neuguinea, dieses blieb aber zunächst niederländisch. Von 1962 bis 1969 entspann sich ein – von der Weltöffentlichkeit unbeachteter – Guerillakrieg zwischen indonesischen und holländischen Truppen und australischen Interessen. Es war beabsichtigt, die Ureinwohner aus der Region zu vertreiben und in dem jetzt Irian Jaya genannten Gebiet Javaner anzusiedeln. (Das bedrückende Wort »Umvolkung« aus dem Nazi-Sprachgebrauch kommt dabei in den Sinn). Im Jahre 1969 nach einem höchst umstrittenen Referendum wurde das Gebiet Indonesien als 26. Provinz eingegliedert. Kämpfe um die Unabhängigkeit und gegen die indonesische Verwaltung dauern in verschiedenen Formen bis zum heutigen Tag an.

Als Folge der politischen und geschichtlichen Wirren war das Gebiet, der Ferne Osten Indonesiens geologisch wenig erforscht und produzierte – von einem einzigen Zufallstreffer abgesehen – weder Öl noch Gas.

Es war meine erste Bohrung auf einem Bohrschiff, was mir etwas Angst bereitete, da Monate vorher ein Schiff ähnlicher Bauart im Golf von Thailand mit Neubauten im Turm zu kopflastig geworden war und kenterte. Alle starben. Es war auch mein allererster Flug in einem Hubschrauber, einer uralten Sikorski-S58, gesteuert von einem alten, australischen Piloten, der immer sein verknittertes, weißes Pilotenhemd zur kurzen blauen Hose trug. Dienst ist Dienst. Die Bohrung lief über ein halbes Jahr und jede Tour dauerte vier Wochen, wonach ich von einem Kollegen abgelöst wurde und dann im Büro Papier, Berichte und Logs hin und her schob. Man nennt das Berichtswesen. Wir flogen zur Arbeit im Osten in einer gecharterten Fokker-F28. Der Flug startete in Jakarta gegen Mitternacht (manchmal nach einem letzten Bier in der Kneipe) und erreichte im Morgengrauen den Flug- und Hubschrauberplatz in Timika, nach einer nächtlichen Zwischenlandung in Sulawesi. Der Rückflug dauerte, wenn man die zwei Stunden Zeitzonendifferenz mitrechnete, etwa sechs Stunden und man war am späten Nachmittag und bei Einbruch der Dunkelheit wieder in Jakarta. Zeit, um in die Kneipe zu gehen. Vor der Landung in Timika flog man eine halbe Stunde lang in geringer Höhe über dichte Mangrovenwälder, dazwischen nur die lehm-braunen Mäander der Flüsse. Es fehlten Lichtungen, Dörfer oder Siedlungen, Straßen oder Wege, da war nichts.

Timika war ein kleines Dorf und erschien nur auf der Karte, weil der Flugplatz dort groß genug war, um mit kleinen Jets zu landen. Ich werde später noch darauf zurückkommen, weil ich dort sieben Jahre später wieder auftauchte, dann in Zusammenhang mit einem Projekt bei einer Bergbaufirma.

Diesmal wurden wir schon am Flugplatz von einer eingeborenen Volkstanzgruppe zeremoniell empfangen. Wilde Menschen, bemalt mit bunten Kreidestreifen im Gesicht und Federn im Haar; die Männer mit bloßem Oberkörper. Die Zeremonie dauerte eine gute Viertelstunde. Dann zupften sich die Frauen die Federn aus dem Haar, wischten sich das Gesicht ab, die Männer zogen sich wieder ihr T-Shirts über und die Tanztruppe fuhr auf ein paar Mopeds zurück ins Dorf, um weiter ihrer täglichen Arbeit nachzugehen. Für mich gab es ein Nachspiel. Vor dem Tor unserer Behausung, einem Dorfhotel aus Sperrholz, trat mir ein großer, schwarzer Mann mit Kraushaar entgegen und fasste mich genau ins Auge. An ihm führte kein Weg vorbei. Ich überlegte, ob ich bei dem Tanzempfang etwas falsch gemacht hätte, dem Schamanen vom Dienst nicht die Hand gegeben oder eine der bunten Vogelfedern mitgenommen hätte. Der wilde Mann trat mir in den Weg und ich versuchte, trotz meiner Unsicherheit, cool zu bleiben. Der schwarze Riese sprach mich in reinstem Englisch an: »*Hi, I am Francis, your radio operator.*« Er war einer von uns, der Mann, der ausgebildet und lizenziert war, unser Funkgerät zu bedienen. Nur sah er nicht so aus wie sonst die Marconis (Funker), keine Marineuniform, nur ein netter Mensch, den ich völlig falsch eingeordnet hatte. Gewöhnlich hatten die Funker, weil sie an zentraler Stelle im System saßen, eine

Spitzelfunktion und berichteten alles und jedes an den Geheimdienst des Landes. Dafür durften sie dann am Nationalfeiertag die Flaggenzeremonie kommandieren.

Dies war meine erste Bohrung, bei der neben der immer noch gebräuchlichen SSB-Kurzwellen-Funkerei schon Computer und digitale Kommunikation eingesetzt wurden. So versuchten wir – meist erfolglos – Daten per Satellitentelefon nach Amerika zu senden. Wie wenig wussten wir damals, dass das Telefonsystem die für die Übertragung wichtigen höheren Frequenzen des Modems herausfilterte. Von der Firma hatte ich einen Toshiba-Laptop bekommen mit orange-monochromem Bildschirm und den neuen 3½"-Disketten, die satte 1,4 MB speicherten. Das war insofern wichtig, da so eine Diskette fast alle Daten eines einzigen *logging runs* (Bohrlochmessungen) aufnehmen konnte. Das war ein grosser Fortschritt, besser als die sperrigen 9-Spur-Magnetbänder (IBM 2400 und 3400 Serie), die ich noch im Jahr zuvor ins Büro nach Jakarta schleppen musste und die in keinen Koffer und keinen Rucksack passten.

Ein paar Erinnerungen: Zur Unterhaltung hatte ich mir ein billiges Sopran-Saxofon gekauft und übte im Bauch des Bohrschiffes, ganz in der Nähe der Generatoren und Dieselaggregate, wo mich keiner hörte und ich sicher sein konnte, niemanden zu stören. Wir hatten Delfine, die jeden Morgen um etwa zehn Uhr um das Schiff und in dem *moon pool* (das ist das Loch im Boden des Schiffes, durch das alles Bohrgerät geht) herumschwammen. Morgens konnte man, solange noch keine Wolken aufgezogen waren, hoch über dem Horizont etwas Weißes sehen, Schnee oder Eis am Äquator, der Carstensz-Gletscher.

Einmal, der Hubschrauber war gelandet, um Gemüse und Post zu bringen, bekam ich einen Brief vom Scheidungsanwalt in Essen, in dem er Geld nachforderte. Er meinte, der Streitwert sei höher gewesen als vom Gericht angesetzt. Offensichtlich verfolgen einen solche Sachen bis an das Ende der Welt. Ein anderer Brief, der mich dort erreichte (nur adressiert an Mr. Schech, Irian Jaya) kam von einem Mädchen aus Jakarta, das mich kennenlernen wollte. Sie hatte ein Bild von sich mitgeschickt, langes Kleid mit großem Blumenmuster. Hübsch.

Mein Kollege und ich, wir wechselten uns im Rhythmus von vier Wochen ab. Während die Bohrung weiter bohrte und mein Kollege dort Dienst tat, war es meine Aufgabe, in Jakarta die Berichte zu verteilen, Proben vom erbohrten Gestein mit den richtigen Anweisungen in die Labors zu schicken und Wochen später, die Ergebnisse zu verteilen. Verwaltungsarbeit. Die Zeit in Jakarta gab mir ein paar Wochen Ruhe, Zeit in der ich vom Hotel in ein kleines Haus umzog und in der ich Zeit fand, mich um das Mädchen mit dem Blumenmusterkleid und andere Projekte zu kümmern.

An einem Nachmittag war ich mit dem Auto in Jakarta unterwegs, Tanken, Einkaufen, als ich die Zeitungsjungen aufgeregt am Straßenrand sah. Schlagzeilen wie »Berliner Mauer durchbrochen« und Bilder von Leuten, die auf der berüchtigten Mauer sitzen. Was war passiert?

Der Sprecher der DDR-Führung, Günter Schabowski, verkündet am 9. November 1989 im DDR-Fernsehen die Reisefreiheit, die »sofort, unverzüglich gelte«. Für die Menschen war das unglaublich, viele strömen zur Berliner Mauer und den Grenzübergängen. Gegen Mitternacht geben die DDR-Grenzpolizisten dem Druck der Massen nach. Die Grenze zwischen Ost und West wurde geöffnet. Tausende DDR-Bürger strömten in den Westteil der Stadt. Wildfremde Menschen lagen sich weinend in den Armen, eine endlose Trabant-Kolonne schlängelte sich über den Kurfürstendamm. Die meisten Trabant-Fahrerinnen und Mitfahrer wollten »nur mal gucken« und am nächsten Morgen wieder in der DDR ihrer Arbeit nachgehen.

Nein, das kann nicht sein, das ist unmöglich, dachte ich. Ich dachte an einen Übersetzungsfehler und kaufte alle Zeitungen, die ich bekommen konnte. Damit fuhr ich stracks in meine Kneipe und bat jeden und jede, mir bitte die (indonesischen) Schlagzeilen zu übersetzen. »Berliner Mauer durchbrochen, weg.« Noch mal: »Bist du sicher?« Nach weiteren Übersetzungsversuchen und einigen Glas Bier sank die Erkenntnis in mein Bewusstsein: Es ist etwas ganz Großes passiert.

Die Tragweite der Ereignisse dieser Nacht war nicht zu überblicken: Nach Jahrzehnten vereinigten sich die beiden deutschen Staaten und beseitigen damit einen Konflikt, der Europa seit dem Ende des Zweiten Weltkriegs immer wieder beschäftigt hatte.

Wie sich der Kreis schließt. Damals hatte mein Vater nach den Morgennachrichten im Radio für uns einen Zettel geschrieben: »In Berlin wird eine Mauer gebaut.« Und jetzt war alles vorbei. Später bekam ich von einer Cousine ein Betonbruchstück, gefasst in Plexiglas mit einer Urkunde, die die Originalität des Brockens bescheinigte. Jetzt war alles Geschichte – auch meine ganz persönliche Lebensgeschichte.

Essen, zum allerletzten Mal

Genau ein Jahr war vergangen und ich hatte die Zeit genutzt, um als beruflich Freigestellter Geld zu verdienen, das erste Geld nach der Scheidung, von dem sogar etwas übrig blieb. Ein ganzes Jahr war vergangen, bis ich wieder in dasselbe winzige Apartment in Essen zurückkehrte. Dort standen immer noch meine Umzugskisten aus dem letzten Jahr, unausgepackt, und auf dem Küchentisch noch der Teller und eine eingetrocknete Kaffeetasse vom Vorjahr. Diesmal versuchte ich mich auf eine etwas längere Zeit einzurichten, bestellte eine Couch von Ikea, anstatt wieder nur im Schlafsack auf dem Teppich zu schlafen, ein paar Schränke, und eine billige Einbauküche mit Herd und Kühlschrank, ich hatte ja Geld verdient. Ein Kollege schenkte mir seine alte, aber funktionstüchtige Miele-Waschmaschine. Es wurde wohnlich in meiner kleinen Bude. Jetzt konnte ich kochen und waschen und bügelte an jedem Wochenende Hemden für die kommende Woche. Äußerlichkeiten sind im Büro wichtig. Nur nicht wie ein Asozialer aussehen, nicht auffallen. So auch an jedem zweiten Samstag: Die Erfüllung der Hausordnung: »Die Treppe muss im Wechsel mit anderen Mietparteien einmal in der Woche feucht gewischt und gereinigt werden. Der Gebrauch von Bohnerwachs ist nicht gestattet. Das Aufstellen von Blumen und anderen Pflanzen vor dem Fenster im Treppenhaus wird grundsätzlich nicht geduldet.«

Es war abzusehen, dass ich mittelfristig nicht in Deutschland bleiben konnte: Der Saldo von Einkommen minus Miete und Unterhalt für Erika und die Kinder war negativ, ich rutsche wirtschaftlich jeden Monat ein Stückchen weiter nach unten. Damals meinte ich wirklich, dass in Indonesien alles besser sei, ich hatte Heimweh nach Jakarta. Ich vermisste den Geschmack von *Nasi Padang*, einem Currygericht mit Kokosmilch und schwor mir, dass ich, falls ich jemals wieder nach Jakarta käme, mir noch im Airport-Gebäude so ein Essen kaufen würde. Als Ersatz versuchte ich meinen Heißhunger auf exotisches Essen mit einem

Asia-Special aus dem Tiefkühlfach des Supermarktes zu befriedigen. Ich kaufte das teuerste Produkt (»*Asia Dinner for Two*«) im Tiefkühlregal vom besten Feinkosthersteller in Deutschland, eingeschweißt in ein Alutablett. Nein, das wars auch nicht. Der Fraß-*for-Two* half nicht gegen mein Heimweh nach der Ferne.

Nisah in Deutschland

Verrückt: Ich hatte Nisah nach Deutschland eingeladen – und sie kam. Ein guter Freund hatte sie in Jakarta zum Flugplatz eskortiert und ich holte sie in Düsseldorf am Flieger ab. Wir verbrachten zusammen einige Monate in Essen, eine groteske Zeit. Wenn ich tagsüber im Büro war, hat sie sich gelangweilt, die Bude organisiert, ferngesehen. An zwei Abenden in der Woche besuchte sie den Deutschkurs für Ausländer in der Volkshochschule.

Ein langes Wochenende verbrachten wir in Kissingen bei meinen Eltern, was nicht besonders freundlich ablief; Ablehnung. Nisah, ihrerseits, gab sich wenig Mühe umgänglich zu erscheinen. Sie fand meine Heimatstadt sei, zugegeben – und wie eingangs schon beschrieben – ein uninteressanter Ort, dessen Charme sich eher Rentnern als jungen Menschen erschließt, stinklangweilig und bemäkelte die mangelnde Gelegenheit zum Shopping.

Ein pikanter Höhepunkt war ein Besuch bei meiner Ex, fast schon eine kleine Familienfeier mit Nisah, Erika und unseren Kindern. Dazu Erikas damals derzeitiger Lover, im Grunde genommen ein netter Kerl, auch geschieden, der seinen Sohn mitgebracht hatte. Wir saßen zusammen, tranken Kaffee und später Wein, quasselten durcheinander und schossen Fotos von dieser *Ménage à quatre,* mit Kindern, so als ob alles gängiger Umgang wäre.

Nisahs Besuchsvisum lief nach drei Monaten ab und es gab keinen soliden Grund über eine Verlängerung nachzudenken, denn neue Arbeit in Indonesien war am Horizont zu sehen. Wir kauften Erinnerungsstücke für die Verwandtschaft im *Kampung* und ein bayerisches Dirndlkleid für Nisah, das sie unbedingt haben wollte, aber nie getragen hat.

Das nächste Jobangebot kam wieder aus Indonesien: »Wir haben da was für Sie. Wären Sie eventuell interessiert ....« Und ob ich interessiert war. »Ja, dann kommen Sie doch bitte zum Vorstellen nach Jakarta.« Wir verhandelten die Einzelheiten des Vertrages per Telefax. Das war modern. Ich hatte ein elektronisches Kärtchen in meinem Laptop, das ich – damals in Deutschland illegal und unter Strafe verboten – jede Nacht mit Klemmen mit den blanken Drähten der Telefonleitung verband, um die Nachrichten der interessierten Firma zu empfangen. Ja, den Flug und das Hotel würden sie auch bezahlen und so flog ich nach erst drei Monaten in Deutschland schon wieder nach Jakarta, um den Vertrag fertigzumachen. Im Büro erzählte ich, dass ich zur Beerdigung eines Onkels in Amerika fliegen müsse, also in die andere Richtung, damit mein Boss oder die Kollegen nicht auf die einleuchtende Idee kämen, dass ich mich wieder um einen Job in Indonesien bewarb.

Ich bekam den Job und kündigte endgültig bei der Firma in Essen, bei der ich im Ölgeschäft angefangen hatte, nach genau neun Jahren, elf Monaten und achtzehn Tagen. Das war zwei Wochen vor dem zehnjährigen Jubiläum. Wenn ich zwei Wochen gewartet hätte, dann hätte ich eine billige Armbanduhr und eine Ur-kunde von der Firma bekommen. Aber ich wollte weg. Koffer packen, billiges Ticket kaufen, diesmal ab Amsterdam, billiges Hotel suchen. *Same procedure as last year.*

Die 90er Jahre

Fina

Die neue Arbeit bei der belgischen Firma, die es heute leider nicht mehr gibt, war anständig bezahlt, brachte größere Verantwortung und viel Neues. Das Wichtigste: Die Leute glaubten an mich und meine Arbeit, ich war ein Mitglied im Team und wurde – endlich – voll genommen. Von da an fing ich an, Geologie besser zu verstehen. Offenbar braucht man etwa zehn Jahre praktische Berufserfahrung, bis man das Fach so weit versteht, um neue Ideen zu generieren und in größeren Zusammenhängen zu denken. Vielleicht bin ich aber nur ein bisschen begriffsstutzig, dass es bei mir so lange gedauert hat.

Die belgischen Kollegen waren Menschen, die man gerne um sich hatte. Wir aßen gemeinsam zu Mittag und verbrachten hin und wieder ein Wochenende mit Kollegen in den Bergen. Ich hatte einen Lehrling, einen Trainee, eine bemerkenswert hübsche, junge Frau, die vorher als Fotomodell und *Cover Girl* gearbeitet hatte, aber auch als Geologin ihren Mann stand. Sie war, wie es bei Geologen oft vorkommt, mit einem Geologen verheiratet, den sie bei einer Exkursion kennengelernt hatte. Wir wurden gute Freunde. Sie und ihr Mann waren Trauzeugen bei meiner Hochzeit ein paar Jahre später.

Nach ein paar Wochen im Hotel mietete ich ein kleines, möbliertes Haus im Westen von Jakarta an, genauer gesagt im Chinesenviertel. Insgesamt war die Zeit eine Phase der Konsolidierung und der Ruhe. Ich hatte einen billigen japanischen Kleinwagen gemietet und war daher flexibel und unabhängig von der Firma und ihren Anweisungen. Abends, vor Sonnenuntergang drehte ich mit meinem neuen Fahrrad ein paar Runden im Viertel und kaufte im nahen Supermarkt ein. Leider wurde die Siedlung mit der Zeit immer unheimlicher, fast täglich wurden Nachbarhäuser selbst bei Tag aufgebrochen oder sogar gewaltsam überfallen. Im Nachhinein überrascht es mich sehr, dass bei mir nie eingebrochen wurde. Vielleicht, weil ich der einzige Ausländer in dem ganzen Wohngebiet war. Oder ich hatte einfach nur Glück gehabt.

Da ich mit dem Job zur Ruhe gekommen war, fing ich wieder an, Musik zu machen. Das große Ding dieser Zeit war Midi und die Synthesizer von Yamaha und Roland, die inzwischen erschwinglich geworden waren. Mein Laptop mutierte zum Sequenzer und so musizierte ich, alleine mit dem Computer und im stillen Kämmerchen, im Schlafzimmer. Es war jetzt leicht eigene Musik aufzunehmen, *playback*, mehrspurig, mehrstimmig, Effekte, alles. Aufgenommen wurde immer noch auf einer vierspurigen Kassette. Digitale Aufnahmemedien waren gerade erst erfunden und noch zu teuer. Im Zuge der allgemeinen Erneuerung trennte ich mich auch von meiner guten alten Praktika Kamera aus der Schulzeit und kaufte mir endlich eine gebrauchte Nikon, jetzt mit Autofokus, die ich gleich wieder nach wenigen Wochen mitsamt belichteten Filmen von einer Reise auf die Insel Bangka am Taxistand vor dem Flughafen vergaß.

Das Internet, so wie wir es heute kennen, fing gerade an zu existieren und ersetzte nach und nach die Mailboxen, in die man sich mit einem Modem einwählte und irgendwelche unwichtigen Nachrichten austauschte. Der erste Internetbetreiber (ISP) in Jakarta begann seine Dienste etwa 1992. Das Internet dieser Zeit war eine leere Wüste. Es war schon etwas Besonderes, dass ich die Titelseite des neuen »Spiegel« nach stundenlanger Mühe herunterladen und im Geschäft fragen konnte, ob diese Ausgabe schon erhältlich sei. Das war insofern wichtig, da es manche Woche den Spiegel nicht zu kaufen gab, weil darin wieder einmal ein unerwünschter Artikel über Indonesien zensiert worden war. Auch das Telefon, Festnetz, versteht sich, entwickelte sich zügig: Ich konnte jetzt jederzeit und selbständig eine Nummer im Ausland anwählen, ohne vorher das Gespräch bei der Vermittlung anzumelden und eine halbe oder ganze Stunde auf das Gespräch zu warten. Ein Telefonanschluss musste jetzt nicht mehr umständlich beantragt und nach Monaten der Wartezeit teuer bezahlt werden. Nein, das Telefon – oder in meinem Fall, ein Fax – war innerhalb weniger Tage betriebsbereit. Nicht selten rief abends das eine oder andere Mädchen an, auch eine Weiterentwicklung, denn jetzt war es mir möglich, meine Abende geruhsam zu Hause verbringen – wenn ich wollte.

In dem Bürogebäude bei Fina, in der 26. Etage, erlebte ich mein erstes, kleines Erdbeben. Es war in ganz, ganz kleines Beben, bei dem nur der Kaffee aus der vollen Tasse schwappte und nicht einmal ein Blumentopf auf der Fensterbank umfiel. Trotzdem spürte ich die Bewegung, hörte das dumpfe Knarren und Reiben der Betonpfeiler des Hochhauses, Geräusche, die ich seither nicht vergessen habe. Etwa alle zwei, drei Jahre wird Jakarta von einem kleinen Erdbeben erschüttert. Das wird dann mit einer zweizeiligen Nachricht in der Tageszeitung erwähnt. Man erfährt oft von Beben und Tsunamis in Indonesien, Jakarta war historisch selten betroffen. Die kleinen Erschütterungen in der Stadt sind nur Ausläufer von stärkeren Beben an der Südküste, da wo die tektonischen Platten zusammenschrappen. Als Geologe weiß ich, dass das keine Versicherung ist. Mit den Jahren wurden die Gebäude im Stadtzentrum immer höher (inzwischen über 50 Stockwerke) und sind technisch nicht im Geringsten auf Erdbebensicherheit ausgerichtet. Auf Feuersicherheit auch nicht. Ich fühlte mich manchmal, wenn ich im Aufzug in einem der Hochhäuser zur Arbeit auffuhr, wie im Schacht eines Bergwerkes; ein bisschen Angst, ein Gebet (ja, tatsächlich), viel Routine und immer mit der Hoffnung, dass auch heute wieder nichts passiert, was morgen zum Thema in der Zeitung oder im Fernsehen würde.

Die Zeit bei Fina war gut – solange die Firma bestand. Wie viele der Ölfirmen, für die ich gearbeitet habe, schlossen sie nach wenigen Jahren ihr Büro in Jakarta. Ich möchte gerne annehmen, dass die Firmen, für die ich jemals gearbeitet habe, verschwunden sind, *obwohl* ich für sie gearbeitet habe und nicht *weil*.

Als abzusehen war, dass das Büro in Jakarta nach einer einzigen erfolglosen Bohrung in Sumatra schließen würde, bekam ich allerlei Verbindungen aufgezeigt und wurde zu einer Vorstellungstour in Saigon ermuntert, wo die Fina auch ein Büro unterhielt. Ich hatte die Gelegenheit, Vietnam zu einer Zeit zu besuchen, als sich das Land anfing, sich zum Ausland hin zu öffnen und frischer Wind durch das kommunistische Saigon wehte. Die belgische Fina war auch die einzige Firma in ein meinem beruflichen Leben, die für mich eine tolle Abschiedsparty in einem Hotel veranstaltete; Reden wurden gehalten, ich bekam Souvenirs mit den Namenszügen von allen Kollegen.

Saigon

Ich verbrachte eine bemerkenswerte Woche in Saigon, das eigentlich Hồ Chí Minh *City* genannt werden will. Ein Empfehlungsschreiben der letzten Firma erleichterte es mir, ein Visum zu bekommen.

Die Fahrt vom Flugplatz zum Hotel im ersten *Arrondissement* am Fluss war endlos lang. Man hatte mir empfohlen, Dollars in bar für die Reisekasse mitzunehmen. Schon am ersten Abend, als ich beim Geldwechsler ein paar Dollar gegen lokale Dong (für alle Fälle) eintauschte, wurde mir klar, warum. Ich bekam für meine fünf Dollar einen dicken Packen stinkender Banknoten, der nur mit beiden Händen zu umfassen war. Unmöglich (und sinnlos) nachzuzählen und schwierig, das wertlose Papiergeld in die Tasche zu stopfen. Nicht einmal die wilde Schar von Straßenkindern, die mich vom Hoteleingang bis zur Wechselstube verfolgte, wollte Dong. Sie wollten »richtiges« Geld. Ich kannte Schlüsselwort, um die Horde loszuwerden: »*Niet!*« (»нет«), russisch für »Nein!«. Die Horde zerstob in alle Richtungen, Russen gaben nie Geld.

Am nächsten Morgen war ich alleine zum Frühstück im Hotel. Keine anderen Gäste im Haus? Nein, ich war zu spät aufgestanden. Die anderen, meist Festland-Chinesen, waren schon frühmorgens ausgeschwärmt, um Geschäfte zu machen. Ein Fahrer vom Hotel, der überraschend gut Deutsch sprach, schipperte mich zu den verschiedenen Firmenadressen, denen ich meine Dienste anbieten wollte. Die Interviews waren immer freundlich, aber leider genauso ergebnislos. In sechs Tagen hatte ich das knappe Dutzend der aktiven Ölfirmen abgeklappert und meine Lebensläufe verteilt. Nach den *Business Calls* am Vormittag hatte ich Zeit, mich in der Stadt umzusehen. Unvergessen sind die alten russischen(?) Lastwagen mit Durchlaufkühlung, einem Fass Wasser auf dem Dach, das dann zur Kühlung durch den Motorblock lief und endlich unten aus einem kleinen Schläuchlein oder Wasserhahn auf die Straße tropfte. Unvergessen die Massen wunderhübscher Frauen in traditioneller Kleidung (*Ao Dai*), die auf Fahrrädern durch die Straßen glitten. Oder die kleinen Marktstände, die eine lokale Version (*Bánh mì*) französischer Baguettes feilhielten. Die Damen, die radelnd zum Abendessen einkauften, signalisierten dem Händler von weitem, dass sie Geld in der Hand hatten und tauschten im Vorbeifahren Geld gegen Brot, das sie dann – ohne anzuhalten – auf ihr Fahrrad klemmten. Erinnerungen an den klischeehaften Franzosen, der sein Baguette auf dem *VéloSolex* nach Hause fährt, werden wach.

Meine Abende waren unterhaltsam; Abendessen in einem schwimmenden Hotel, das am Ende der Straße im Fluss verankert war und Büros beherbergte. Es gab Kneipen, manche mit Musik, Bier oder Mekong Whiskey (ein inoffiziell destilliertes Gesöff mit entsprechend durchschlagender Wirkung) und Mädchen hinter der Bar, die gut Englisch sprachen und sich Mühe gaben, mir einige Wörter Vietnamesisch beizubringen. Ich habe dabei gelernt, dass die Landessprache (und die Schrift mit einer Vielzahl diakritischer Zeichen) schwierig und die Aussprache für einen Ausländer kaum zu bewältigen ist. Winzige Unterschiede in der Intonation führen zu ganz, verschiedenen Bedeutungen desselben Wortes. Genaugenommen ist Vietnamesisch eine entfernte Variante des Chinesisch, wobei sich dominikanische Missionare und katholische Priester aus Italien, Frankreich und Spanien im 16. und 17. Jahrhundert der Mühe unterzogen hatten, die alten piktografischen Schriftzeichen mit dem lateinischen Alphabet und mithilfe allerlei Zusatzzeichen zu umschreiben.

Am liebsten verbrachte ich das Ende des Tages, die Dämmerung und den Abend auf der Dachterrasse des Hotel Rex. Aussicht auf die betriebsamen Straßen vor dem Hotel auf denen der Fahrradverkehr nie endete und einen Park, in dem die Menschen lustig schwatzen zusammensaßen oder sich gegenseitig fotografierten. Die Dachterrasse des Hotels war im Krieg der Treffpunkt von Journalisten und US-Militärs, die dort auch ihre nachmittäglichen Pressekonferenzen (belacht als *Five O'Clock Follies*) abhielten. Die Terrasse hatte wenig von ihrer Anziehung verloren. Das Publikum war bunt gemischt, ein netter älterer Herr, der hinter der Bar seine Arbeit verrichtete, sprach seine Gäste vorzugsweise auf Französisch an; es wurde eine fein abgestimmte, scharfe Fischsuppe mit Brot serviert. Es gab anregende Gespräche mit anderen Gästen, Journalisten, einem amerikanischen Fotografen und ein andermal mit einem bezaubernden Fotomodell.

Wenig Arbeit für Geologen

Die meiste Arbeit, die jetzt zu bekommen war, bestand aus Jobs als Bohrungsgeologe, draußen auf irgendeiner Plattform, seltener im Busch. Bohrungsarbeit bedeutet immer ein schlimmes Ungleichgewicht von Stress und Langeweile. Die Arbeit verläuft in Zyklen, die vom Bohrfortschritt bestimmt werden. Das bedeutet eine Woche oder zehn durchgehende Tage Arbeit; davon die letzten zwei oder drei Tage ohne Nachtruhe, Minuten von Schlaf im Sitzen. Danach wieder – nichts. Tagelang nichts, Zeit zu schlafen, Bücher zu lesen, den Delfinen zuzuschauen oder mit den Bohrleuten Pornofilme anzugucken. Oder zu essen. Viermal am Tag.

Die meiste Arbeit in den frühen 90er Jahren war solche Bohrungsarbeit und nur gut, weil sie ein Einkommen erwirtschaftete. Die Liste der Bohrungen und Gebiete: Natuna, also Südchinesisches Meer, Kalimantan, eine im Osten, eine im Westen, ganz, ganz weit weg von den üblichen Gebieten. Irian Jaya, das heutzutage West Papua heißt. Sumatra, Java, an Land und im Meer, wobei die *Offshore*-Arbeit meist angenehmer ist: Das Essen ist besser und die Arbeitsumgebung wesentlich sauberer und frei von Schlangen und anderem Gekräuch. Alles langweilig. Ich hoffte bei jeder Bohrung, dass sie die letzte sei und ich danach eine andere, eine reizvollere Arbeit fände. So habe ich oft meine Arbeitsstiefel, Handschuhe und den Helm am Ende der jeweiligen Bohrung in den *Mud Pit* (eine Sickergrube für toxische Chemikalien) oder ins Meer geworfen. Es hat nicht geholfen und ich musste mir mein Arbeitszeug wieder und wieder neu kaufen.

Trotz meiner Aversion gegen die Bohrungsarbeit, wurde meine Arbeit als Bohrungsgeologe geschätzt. Die Leute dachten, ich sei gut, vielleicht weil ich mal ein kleines Sachbuch über die Arbeit geschrieben hatte, das heute noch gelegentlich zu Schulungszwecken benutzt wird. Dabei unterliefen mir auch Fehler. Einer meiner größten Schnitzer war auf einer Bohrung in West Sumatra. Wir hatten fast die Endteufe erreicht und die Bohrlochmessungen, die Daten, die belegen können, ob kommerzielles Öl angebohrt worden war, sollten auf allerschnellstem Weg zur Auswertung nach Jakarta geschickt werden, was zu dieser Zeit digital noch nicht möglich war. Alles war bereit: Der Hubschrauber, um die Disketten an Land zu fliegen, eine gecharterte zweimotorige Cessna, um sie nach Jakarta zu bringen, Fahrer wartet am Flugplatz. Alles bereit. So kopierte ich die gewichtigen Daten auf ein paar Disketten, steckte alles in einen braunen Umschlag und gab sie dem Helipiloten. »Hallo Jakarta, die Sendung ist unterwegs.« Ich ging schlafen. Welch böses Erwachen: »Wo sind die Daten? Die Disketten sind leer!« – Was war passiert? Die Disketten, die damals im Handel waren, kamen in zwei Ausführungen, solche die schon ab Werk formatiert waren und solche, die man vor dem ersten Gebrauch selbst formatieren musste (Tastenfolge: *C:\> format b: /V:Logs*). Letztere waren etwas billiger. Das hatte ich in der Eile vergessen, ich hatte leere Datenträger ins Büro geschickt. Alle Mühe, teure Flüge, alles war vergebens gewesen. Ich konnte mich rausreden, zum Glück verstand niemand genau, was schiefgelaufen war. Ein unübertroffener Hammer, ein Fehler, an den ich heute noch denke.

Man muss diese Zeit mit den langweiligen Bohrungsjobs im Zusammenhang mit dem Auf und Ab in der Industrie sehen: Es war – wieder einmal – eine Ölpreiskrise, der Preis von Rohöl war pro Barrel bis knapp unter US$ 10 Dollar gefallen. Viele Kollegen wanderten in fremde Berufe ab und mit anderen Kollegen riss der Kontakt vollends ab. Ich glaube immer noch, dass meine Arbeit als freiberuflicher Geologe, *Consultant,* Tagelöhner, Berater, Söldner, doch besser war, als mich in das Netz der sozialen Sicherung fallenzulassen. Ich wäre sonst in eine unendliche Abwärtsspirale geraten. Die trostlosen Jobs auf langweiligen Bohrungen waren immerhin lohnbringende Arbeit, die mich ernährt hat, eigenes Geld und einer Tätigkeit in meinem Fachgebiet (im Gegensatz zum Taxifahren).

Genug vom wilden Leben

Mit der Zeit hatte ich genug von Kneipen, schummrigen Absteigen, Mädchen, die kamen und gingen (oder
nicht von selbst gingen, was auch nicht besser war)
und die jedes Wochenende wechselten. Es war an der
Zeit, mein Leben zu ändern. Ich suchte eine feste Beziehung, etwas Dauerhaftes, vielleicht sogar etwas für
das ganze Leben, wenn es passt. Ich hatte eine klare
Vorstellung: jemand, der das Leben kennt, eine Frau
mit Grips, die arbeitet und nicht mitsamt ihrer ganzen
Familie wie Nisah auf meinem Geldbeutel liegt, jemand
auf Augenhöhe.

Über gemeinsame Freunde fand ich eine feste
Freundin, eine hübsche chinesische Lehrerin mit schul-
terlangen Korkenzieherlocken, die damals zwar nicht
mehr Mode waren, mir aber immer gut gefielen. Seltsam, dass ich in dieser Zeit eine deutliche Affinität für
alles Chinesische hatte. Sie besaß eine kleine Firma,
die Textilien herstellte, und war wirtschaftlich nicht
auf einen Partner angewiesen, der ein Einkommen mit
nach Hause bringt. Eine liebe Frau, die sich kümmerte
und sorgte, fast jeden Tag anrief und sich selbst dann
noch verständnisvoll zeigte, wenn ich wieder mal
abends nicht zu Hause war. Mit kleinen Geschenken
zeigte sie, wie intensiv sie an meinem Leben teilnahm.
Ich bekam eine Zigarettenspitze, damit das Rauchen
nicht ganz so ungesund wäre. Oder irgendwelche Kräu-
terkissen, die ich in meinen Kleiderschrank hängen
sollte, um meine Klamotten besser duften zu lassen.
Wenn wir an einem Samstag ausgingen, um, zum Beispiel, ein Jazzkonzert im Park anzuhören, da hatte sie,
fein zusammengefaltet, ein paar Seiten einer alten Zeitung dabei, damit wir uns nicht aufs Gras oder den Be-
tonboden setzen mussten. Das Papier wurde nach Ge-

brauch und nach der Musik wieder zusammengelegt und mitgenommen, denn man konnte es ja vielleicht noch brauchen oder gewinnbringend ins Altpapier legen. Wenn wir gemeinsam zum Essen waren, zählte sie das Trinkgeld, das ich am Tisch zurückließ und gab mir hinterher einen Teil zurück. Weniger würde auch reichen und ich wäre sowieso viel zu großzügig, meinte sie. Kurzum, eine Frau, die sich um ihren Kerl kümmert, eine Frau zum Heiraten. Mir war das zu viel des Guten. Die gedankliche Extrapolation meiner Situation auf den Rest meines Lebens, die liebevolle Aufmerksamkeit, die an Überwachung grenzte, das war zu viel für mich.

Immer noch im Chinesenviertel, die nächste Firma mit einer Konzession in Ost-Java, logistisch unkompliziert, angenehm. Fast jede Stunde ging ein Flieger nach Surabaya, dem Arbeitsgebiet, die Straßen waren ausgebaut und man erreichte jede Stelle im Gelände ohne Mühe. Das Essen am anderen Ende von Java war meist gut und ein Hotel oder wenigstens ein anständiges *Losmen* (eine kommerzielle Unterkunft der einfachen Art) immer zu finden.

Die Sekretärin vom Chef hatte Mitleid mit meiner Situation und machte mich mit einigen ihrer Freundinnen bekannt. Es ergab sich das eine oder andere *Blind Date*. Die Ergebnisse der Treffen rangierten zwischen »ganz nett« und schroffer Ablehnung. Als wir die unbefriedigenden Erlebnisse in der Mittagspause besprachen und neue Wege suchten, kamen wir auf den Gedanken, eine Heiratsanzeige in der Samstagsausgabe der lokalen Tageszeitung in Jakarta aufzugeben: »Expat aus Europa, tätig in einem technischen Beruf, sucht reife Partnerin, der Musik und die Natur liebt«. Geht doch. Schön neutral. »Zuschriften bitte auf Postfach xyz«, das einem Freund und Kollegen gehörte. Damals musste man die Kontaktanbahnung tatsächlich noch papierschriftlich abwickeln, E-Mail, Internet waren nicht üblich, Snapchat, Facebook und WhatsApp nicht einmal denkbar. Was es gab, waren Pager. Um mit diesen Dingern eine Nachricht zu verschicken, musste man eine Telefonnummer von zu Hause oder von einer Telefonzelle (Festnetz!) anwählen und einen Text, nicht länger als 160 Zeichen, an einen meist weiblichen Operator durchgeben. Die Dame tippte dann die Mitteilung in ihr Terminal und der Empfänger bekam dann eine SMS-artige Nachricht auf ein kleines Gerät geschickt, das dann piepte, um auf die neue Meldung aufmerksam zu machen, daher der Name *Beeper*. Obschon aus heutiger Sicht primitiv, waren die *Beeper* damals ein Statussymbol, denn nur wichtige Leute mussten immer erreichbar sein, Ärzte, Spediteure – oder Geologen, die einen Lebenspartner suchen.

Zurück zu der Anzeige. Einige Tage lang dachte ich gar nicht mehr daran und dann, etwa zehn Tage später, rief mein Kollege an, wir sollten uns heute in unserer Stammkneipe »*Club*« treffen, sein Postfach sei am Überquellen. In der Tat brachte er am Abend einen Plastiksack mit Briefen mit. Die nächsten Tage waren ähnlich, wieder ein Säckchen mit Post, bis dann nach etwa drei oder vier Wochen der Strom der eingehenden Briefe endlich versiegte. Insgesamt waren 423 Sendungen bei mir angekommen. Ich habe alle geöffnet und gelesen, sortiert und abgelegt.

Heiraten?

So, hier an dieser Stelle weicht die meine Geschichte von der erwarteten Bahn ab, jetzt passiert Schicksal. In der fraglichen Zeit bereitete die Firma, für die ich gerade arbeitete, eine *Offshore*-Bohrung nördlich von Bali vor. Dazu gehörten Ausschreibungen und öffentliche Angebotseröffnungen; jeden Tag gingen Menschen fremder Firmen bei uns ein und aus. Unter anderem auch von Betrieben, die die genaue geodätische Positionierung der Bohranlage vornehmen. Einer der Betriebe wurde vertreten durch ein nettes Mädchen mit einem kurzen Rock. Sie kannte unsere Rezeptionistin. Aus reiner Gewohnheit versuchte ich sie, als sie auf dem Weg zum Konferenzzimmer und zur Angebotseröffnung an meinem Schreibtisch vorbeikam, anzureden – mit wenig Erfolg. Also gab ich, wie zur Sicherheit, meine Visitenkarte an unsere Rezeptionistin mit der Bitte, diese an die Frau mit dem kurzen Rock weiterzureichen. Die Sekretärin, die zwei Wochen vorher die Anzeige für mich aufgegeben hatte, kommentierte trocken: »Glaubst du denn wirklich, dass die was mit dir zu tun haben will?« Wie unrecht sie hatte. Schon zehn Tage später war zur Überraschung der ganzen Firma unser erster gemeinsamer Auftritt. Wir kamen zusammen zur Hochzeit eben jener Rezeptionistin, unserer gemeinsamen Bekannten. Deren Hochzeit war ein wildes Chaos, bei dem sich die Eltern der Brautleute handgreiflich auseinandersetzten und am Ende sogar die Polizei kam. Egal, wir hatten unsere Show und die Katze war aus dem Sack. Die Zeit vom ersten Kennenlernen bis zur offiziellen Hochzeit dauerte knapp fünf Wochen, einschließlich des Papierkrams. Verwaltungsakte, Geburtsurkunde aus Deutschland (»Wozu brauchen Sie das?«), Übersetzungen, Botschaft und dann auch noch solche Behörden wie das Religionsminsterium, die uns Steine in den Weg zu legen suchten, um Geld unter dem Schreibtisch zugeschoben zu bekommen.

Die Hochzeitsfeier verlief im kleinen Rahmen; es wurden nur knapp zweihundert Einladungen verschickt. Alle kamen, die Kollegen aus der Firma, die Bar Girls aus dem »*Club*«, (es war ja quasi meine Abschiedsfeier), jede Menge Verwandtschaft und die ehemalige Kollegin von der Fina mit ihrem Mann traten als Trauzeugen in Erscheinung. Das bedeutet bei einer Feier dieser Art stundenlang herumzustehen und freundlich Hände zu schütteln mit Menschen, die man größtenteils gar nicht kennt.

Kurzum, die Bohranlage, deren Lokation vermessen werden sollte, war noch lange nicht auf ihrer vorgesehenen Position angekommen und verankert, aber wir waren schon verheiratet.

Meine neue Frau, Djamila, lieh mir den Reißwolf aus ihrem Büro, um die freundlichen Zuschriften auf meine Annonce zu entsorgen (es ist ja gut zu verstehen, dass sie daran ein Interesse hatte). Ich las trotzdem die meisten Briefe und war danach deprimiert ob der Tatsache, wie viel Einsamkeit es in unserer Welt gibt und wie viel Hoffnung manche Frauen mit ihrer Zuschrift verbanden. Schade, denn die eine oder andere Zuschrift (oder Bewerberin?) hätte ich gerne persönlich kennengelernt, mal weil der Brief ansprechend oder das Foto vielversprechend war. Andere Zuschriften waren nichts weiter als nur traurig, mit ungelenker Schrift auf schlechtes Papier gemalt: »Ich bin Putzhilfe, anspruchslos, habe drei Kinder, kein Geld ...«, Beschreibungen von Schicksalen, die hätten besser verlaufen können.

Die Bohrung, aufgrund derer wir uns kennengelernt hatten, dauerte fast ein ganzes Jahr, mit allerlei Reparaturzeiten dazwischen, während derer wir in Deutschland Urlaub machten, *Honey Moon*. Ein besonderer Aspekt der Bohrung war, dass man mit dem Flugzeug nach Bali reiste und erst am nächsten Tag, nach einer Nacht im Hotel auf der Touristeninsel, weiter mit dem Hubschrauber zur Plattform flog. So kam es, dass ich einmal zehn Tage lang in Bali hängenblieb, weil auf der Bohrung wieder irgendwas kaputtgegangen war und meine Fachkenntnis dabei nicht gebraucht wurde. Ich verbrachte zehn urlaubsartige Tage mit Genuss und auf Firmenkosten in einem Hotel am Strand, an dem sich die Surfer tummelten und die Touristinnen den Rücken massieren ließen. Die Bohrung wurde schließlich zum Ende hin abgebrochen und blieb somit ohne eindeutiges Ergebnis, da die prospektiven Gesteinsschichten nicht richtig oder gar nicht ausgewertet wurden. Diese Bohrung, in tiefem Wasser, war zu ihrer Zeit die teuerste Bohrung in Indonesien.

Erwähnenswert ist die Mannschaft, die auf der Bohrinsel ihren Dienst verrichtete. Im Gegensatz zu den Rigs, auf denen ich vorher gearbeitet hatte und die mit Fachkräften aus Amerika besetzt waren, kam diese Crew aus Australien. Welch ein Kontrast! Bei den Amerikanern war es üblich, sich zum Frühstück und oder zum Kaffee zu den Kollegen zu setzen und dabei wilde Flüche und *four-letter-words* von sich zu geben, zu barbarisch, um derlei hier in Schrift zu wiederholen. Ganz anders die Australier. Ich traute meinen Ohren nicht: »*Good morning. Isn't it a nice day today* (dabei regnete es gerade fürchterlich)? *How are you going mate?*« Es war ein freundliches Rig. So freundlich, dass am Ende meine geologische Assistentin einen der Subunternehmer, einen Engländer, heiratete.

Die Mitte der 90er Jahre war mit Arbeit und der Suche nach Arbeit ausgefüllt. Wir wohnten – noch – relativ weit am Stadtrand in der Chinesengegend. Die ethnische Prävalenz der Wohngegend ist insofern erwähnenswert, als dass sich das Warenangebot in den Stadtteil-Supermärkten Jakartas deutlich an der Nachfrage orientierte. In den Märkten, die von Westlern frequentiert wurden, standen Käse, Wein, Brot und Spezialitäten aus der Heimat (Vegemite!) im Vordergrund. Im Chinesenmarkt gab es Schweinefleisch in Dosen, unendlich viele Variationen von Nudeln und jahreszeitlich Küchlein, verpackt in rotem Papier. Es war einerseits der zunehmende Verkehr, stundenlange Staus und andererseits die vermehrten Einbrüche in Häuser unseres Wohnkomplexes, die uns überzeugten, besser umzuziehen. Nach etwa zwei Jahren zogen wir in eine passablere Gegend, näher zur Innenstadt, und näher zu unseren Arbeitsstätten.

Goldbergbau

Das war ein Projekt, das zwar nicht viel eingebracht hat, aber besonders interessant war, da es erstens nicht mit Öl, sondern mit Erzen (wie damals im Uran) und Mineraliengeologie zu tun hatte und zweitens, weil es in einer Gegend unserer Welt und einem Teil Indonesiens stattfand, die für die meisten Menschen – für Touristen sowieso – nicht zugänglich ist. Der Job war für eine Kupfer-Bergbaufirma in Irian Jaya, eine der größten Kupferminen der Welt, die nebenbei noch ein erkleckliches Zubrot mit dem Gold und Silber erwirtschaftete, das in den Kupfermineralen gelöst ist.

Der Job, der leider nur zwei Wochen dauerte, bestand darin, bei einem Meeting von Computer- und GIS Spezialisten dabei zu sein und danach dem obersten Prospektor der Firma Bericht zu erstatten. Keine schwere Aufgabe. Das Treffen war im *Base Camp*, einer kleinen Stadt, die die Basis der Mine auf Küstenniveau darstellte. Die Mine selbst war auf etwa 4.000 Metern in den Bergen, eine ganz unwirkliche Situation, über die ich später mehr erzählen will. Nach einem Flug mit dem Firmencharterflieger kam ich ins Camp und wurde in einem kleinen Apartment für zwei Personen einquartiert. Nebenan lag die Kantine. Die Größe des Betriebes und aller Anlagen war beeindruckend. Die Kantine hat Sitzplätze für etwa vierhundert Esser, eine Halle so groß wie die Mensa in Würzburg, das Essen erstaunlich vielseitig und – ja, man kann das sagen – wohlschmeckend. Das Camp daneben war kleiner, da viele Angestellte in separaten Firmenhäusern wohnten.

Das Meeting, das ich beobachten sollte, fand in einer Lagerhalle statt, in der kein Wort zu verstehen war, wenn der tropische Regen am Nachmittag wieder mal auf das Blechdach trommelte. Die Halle war für unsere Gruppe von über dreißig Teilnehmern gut eingerichtet. Die allerneuesten Computer (damals war Windows 95 das heißeste, was der Markt zu bieten hatte), Projektoren, Kaffee und Kuchen vom Allerfeinsten zu jeder Pause. Dabei durfte man jedoch nie vergessen, dass man sich mitten im tropischen Regenwald aufhielt, zum Beispiel als mir auf der Toilette eine handgroße, wollige Spinne vom Blechdach in meine heruntergelassene Hose hupfte. Es ist erstaunlich, wie schnell man in solchen Situation reagiert! Abends gab es die eine oder andere Einladung zum Essen oder *whiskey tasting* im Sheraton, einem Vier-Sterne-Hotel, das da völlig bezuglos mitten im Urwaldsumpf und Mangrovenwald herumstand, so, als sei es vom Himmel gefallen. Auf den paar Hundert Metern Heimweg zum Camp war es wichtig, darauf zu achten, nicht auf eine Schlange zu tapsen, die sich auf dem noch warmen Asphalt herumringelte. Sehr unwirklich.

Im Gegensatz zu der tropisch dampfenden Küsten-
ebene lag die Mine im kühlen Hochgebirge und war
nur über eine fantastisch eindrucksvolle Straße zu erreichen, die die Minenfirma gebaut hatte, oder mit
dem Hubschrauber. Letzteres geschah auch nicht ohne
Sorge, denn erstens war die Hubkraft auf 4.000 Hö-
henmetern deutlich eingeschränkt und zweitens war
ein schneller Aufstieg wegen der Höhenkrankheit gefährlich. Besser war die Anreise mit dem Auto. Die
Fahrt über die firmeneigene Straße zur Mine dauerte
etwa drei Stunden und musste vorher angemeldet werden, damit die verschiedenen Posten den Weg freiga-
ben, denn es kam immer wieder vor, dass Autos auf der
Straße beschossen wurden. Besonders beliebt, bzw. ge-
fürchtet, war der Kilometer 17. Man munkelte, dass
das Militär, das eigentlich die Strecke sichern sollte so
vorging, um mehr Schutzgeld von der Minenfirma zu
erpressen. Auch die lokale Unabhängigkeitsbewegung,
die seit den 1960er Jahren immer noch aktiv war, mag
bei manchem Zwischenfall eine Rolle gespielt haben.

Die Fahrt, sofern man vor zehn Uhr morgens und
vor den aufziehenden Wolken unterwegs war, gehört
zu den allerschönsten Aussichten der ganzen Welt.
Vielleicht gibt es in den Alpen, den Anden oder den Ro-
cky Mountains noch einmal dergleichen aber man soll
ja nicht vergleichen, nur genießen. Die Fahrt mit dem
Jeep ging in kurzer Zeit vom Meeresspiegel auf etwas
mehr als 4.000 Meter und ich erfuhr, dass von da oft
Leute wegen Höhenkrankheit gleich wieder zurückge-
bracht werden mussten. Selbst, wenn man wie ich zu-
rechtkommt, ist die Situation traumartig, unrealis-
tisch, ein bisschen Schwindel und die irre Mischung
aus Normalem und vorher Ungesehenem. Zum Beispiel
die Schulbusse, in denen die Kinder der Bergarbeiter in

ordentlichen Schuluniformen gefahren wurden. Die Busse waren umgebaute Militärfahrzeuge mit 4-Rad-Antrieb, um die Straßen dort bewältigen zu können. Oder ein Supermarkt, der frische Orangen aus Kalifornien zu subventionierten Preisen verkaufte, daneben ein Kino mit den neuesten Filmen und gleich daneben eine Werkstatt, in der einheimische Mechaniker mit australo-pazifischen Gesichtsmerkmalen riesige drei, vier Meter hohe Räder der Kipplastwagen reparierten. Das war die Stadt, in denen die meisten Bergleute lebten, wo die Labors, Büros und Werkstätten standen.

Die eigentliche Mine lag noch ein paar hundert Meter höher und war einzig und alleine mit einer Seilbahn zu erreichen. Die Seilbahn mit zwei Gondeln von der Größe eines Frachtcontainers überbrückte die letzten 700 Höhenmeter. Dort oben war die Luft noch dünner und die Aussicht noch unwirklicher. Es ergab sich der Blick auf zwei Löcher, Gruben, aus denen mit riesigen Kipplastwagen, die im Vergleich wie Spielzeug erschienen, das Erz gefördert wurde. Das Ausmaß war ohne einen direkten Größenvergleich nicht zu begreifen. Es hätte das Terrain einer Modelleisenbahn sein können oder die Dimension der Alpen. Dahinter, für das Geologenauge leicht zu erkennen, lagen glaziale Landformen wie in der Schweiz und weiter in der Ferne sah ich einen Gletscher auf 4.808 m, den Cartstenz Gletscher, einzigartig am Äquator.

Wir, das GIS-und Computerteam, bekamen eine extra Tour geboten, Rundfahrt, Brecher und Mühle, Generatoren, alles riesengroß, viel größer als auf einer Bohranlage. Die Temperatur war tagsüber frisch, aber mit einer Jacke recht angenehm, bevor gegen Mittag Wolken und Regen alles verdeckten. Zurück mit der Seilbahn, wie im Flugzeug keine Bodensicht, nur Nebel.

An der Basis angekommen schien es angebracht, bald die Rückfahrt nach Timika anzutreten, um nicht auf der langen einsamen Straße womöglich noch bei Dunkelheit unterwegs zu sein. »Seid ihr hungrig, wollt ihr noch was essen?«, fragte unser Tourleiter. Klar, gerne, Essen war immer gut, in den Bergen sowieso. »Na, dann geht da mal rein, ich komme gleich nach.«

Ich stellte mir, dem Milieu entsprechend, eine Kantine vor, wo wir zusammen mit den Bergleuten im Blaumann an der Theke anstünden, um auf dem Blechtablett eine reichliche Mahlzeit abzuholen. Hauptsache satt. Überhaupt nicht! Wir wurden an weiß gedeckte Tische mit Weingläsern gebeten, die Bedienung fragte uns, ob wir unser Steak lieber »durch« oder nur »halb« haben wollten und welchen Wein dazu. Dazu dezente Musik und ein Ausblick durch ein Panoramafenster in eine schroffe, aber abgefahren schöne Berglandschaft, durch deren Täler die Wolken langsam heraufkrochen. Ich habe mich gekniffen, war das echt? Ich war hier zur Arbeit?! Selbst für Geld und gute Worte, kein Tourist hätte das hier so erleben können.

Ich dachte zurück an einen freundlichen Seniorkollegen, von damals in Essen, der in den 70er Jahren die ersten Bohrungen in Irian betreut und mir Ratschläge mitgegeben hatte: »*Indonesia is a chicken country*, Reis und Huhn gibts immer.« Er meinte auch: »Als Geologe sitzt man manchmal tagelang im Dreck und dann – gleich darauf – in einem 5-Sterne-Hotel und es ist diese Abwechslung, die es in keinem anderen Beruf gibt.« Die Musik dazu: John Denver's »*Some days are diamonds, some days are stones.*«

Krise und Wende

Die Wende weg von der ewigen Bohrungsarbeit, bei der mir das Hirn zu verdorren drohte, der Umschwung zur gemütlichen Büroarbeit ergab sich in paar Jahre später durch einen seltsamen, aber erfreulichen Zufall, durch den ich vom Bürogeologen zum Geophysiker mutierte.

Reformasi

Mai 1998, ein Wendepunkt der Politik in Jakarta. Revolution, Feuer, Demonstrationen, sie nannten es *Reformasi*. Es gab gewalttätige Demonstrationen, Kaufhäuser wurden geplündert und dann abgefackelt, Banken gingen pleite und Militär wachte auf den Straßen der Innenstadt. Wer konnte, setzte sich nach Singapur oder Kuala Lumpur ab.

Im weiteren politischen Zusammenhang muss man sich in das Jahr 1965 zurückversetzen. Es herrschte Kalter Krieg zwischen den bösen Kommunisten und den guten Kapitalisten. Suharto war durch einen Putsch und amerikanische Hilfe an die Macht gekommen. Der Vietnamkrieg eskalierte und dazwischen waren Länder, von denen man fürchtete, dass sie wie eine Reihe Dominosteine umfallen und kommunistisch werden könnten. Der Anfang der imaginären Domino-Kette war China, wo Mao seinen langen Marsch beendet hatte und nun kräftig auf den Putz haute. Das nächste Land in der Reihe der Dominosteine war Vietnam, wo der Krieg jeden Monat unter immer weiteren Vorwänden verschärft wurde – mehr Bomben, mehr Freiheit. Zwischen dem kommunistischen Ostblock und dem Westen standen die Blockfreien Staaten, eine Gruppe von Ländern, die »weder-noch« waren. Interessanterweise ging die Bewegung der Blockfreien auf die Asia-Afrika-Konferenz in 1955 in Bandung zurück.

Wobei wir wieder in Indonesien wären. Und 1955 ist auch mein Geburtsjahr.

Suhartos regierte das Land mit eiserner Hand. Sein Einfluss war vielfältig und reichte von gravierenden Menschenrechtsverletzungen zu positiven Leistungen wie die Selbstversorgung mit Lebensmitteln, Fortschritte im Gesundheitssystem und in der Wirtschaft. Das Land pflegte unter seiner Führung gute Kontakte zum Westen. Die war die USA in jener Zeit der wichtigste Handelspartner. Die westliche Presse nahm Suharto gegenüber vorwiegend eine wohlwollende Position ein.

Die Stimmung im Land stellte sich gegen die Regierung, als Korruption und Vetternwirtschaft zunehmend bekannt und besprochen wurden und schlug vollends um, als sich die Familie des Präsidenten mit zum Teil absurden Projekten in das Tagesgeschehen einmischte, deren einziger Zweck darin bestand, die »königliche Sippe« zu bereichern. Ein Beispiel war das Projekt, Schuhe für Schulkinder vorzuschreiben, die von einer »regierungsnahen« Firma hergestellt werden sollten.

Die Zeichen der Zeit waren schon Jahre vorher zu sehen und wurden jeden Monat klarer. Das alte Regime unter Präsident Suharto war reif, abgelöst zu werden. Demonstrationen, immer noch verboten, wurden häufiger und nicht selten gewaltsam aufgelöst. Meistens erfuhr ich von den Vorzeichen nur im Kurzwellenradio auf einer Bohrung, irgendwo.

Ein Jahr später kam die Wende für mich, trotzdem unvorhergesehen und an einem angenehm ruhigen Arbeitstag, an dem ich vor zwei großen Computerbildschirmen saß, und mich geistig tief in die Interpretation von seismischen Daten versenkt hatte, eine Arbeit, in der ich mich stundenlang verlieren kann, am liebsten mit Musik (vorzugsweise Barock) im Kopfhörer. Als ich mich umsah und mir einen Kaffee holen wollte, fand ich das Büro leer. Die Kollegen waren schon am frühen Nachmittag verschwunden und hatten mir nicht Bescheid gesagt. Als ich aus dem Fenster im zehnten

Stock unseres Bürohauses sah, bemerkte ich Rauch. Viel Rauch, schwarzen Rauch, der von vielen Stellen der Stadt aufstieg.

Also Plan »B«: Was auch kommen mag, man braucht immer Wasser und Essen. Ich füllte meine Trinkflasche auf und fand zu meiner Freude, dass der Donut-Laden im Erdgeschoss die süßen Dinger heute umsonst weggab; sie wollten zusperren und gaben die letzten Waren weg. Der Weg nach Hause war mit brennenden Barrikaden versperrt, die Luft schwarz vor Rauch. Ich rauchte eine Zigarette vor dem Bürohaus, um meine Situation zu bedenken. Ein neuer Kollege schloss sich an. Ich fragte ihn: »Sie haben doch sicher große Angst, ganz neu hier ...?« Seine Antwort überraschte mich: »Kommt alles drauf an. Ich war vorher in Kolumbien. Da fuhren die Kinder jeden Tag mit einem bewaffneten Konvoi in die Schule. Das hier«, er zeigte auf die Straße mit Demonstranten vor dem Zaun, »berührt mich kaum.« Alles ist eben relativ.

Mir fiel nichts Besseres ein, als in das nächste Hotel zu fahren, einen teuren Fünf-Sterne-Palast und mich dort einzuquartieren. Es war die einzige Übernachtungsmöglichkeit, die nicht von Barrikaden versperrt war. Dort gab es Strom vom Notstromaggregat (wichtig, um das Handy aufzuladen) und mit Sicherheit Essen und Trinken. Ich lag auf dem Bett, beobachtete im Fernsehen die Situation, die sich von Stunde zu Stunde änderte und telefonierte mit meiner Frau, die inzwischen zu Hause war und sich dort alleine fürchtete. Vor Mitternacht, es war immer noch dichter Rauch über der Stadt, schien es ruhig genug, die Fahrt nach Hause zu wagen. Im schlimmsten Falle könnte ich ja immer noch umdrehen und in das sichere Hotel zurückkommen. Es schien, die Barrikaden waren wenigs-

tens auf der Hauptstraße weggeräumt. Die sonst so le-
bendige Stadt war unvertraut menschenleer, wie ich
Jakarta niemals vorher mehr so verlassen und so einsam gesehen habe. Wo waren die Menschen, die Polizei, das Militär?

Lange nach Mitternacht rief die Botschaft zu Hause
an und bot uns einen Flug nach Kuala Lumpur an, die
Lufthansa flöge heute auf ihrer wöchentlichen Tour
heute eine extra Schleife Jakarta-Kuala Lumpur. Wie
sollten wir zum Flugplatz kommen, wo die Autos aus-
geraubt wurden und wo auf beiden Seiten der Straße
der Mob tobte und plünderte? Was sollten wir im Morgengrauen in Kuala Lumpur, das von geflüchteten
Expats und Chinesen längst überlaufen war? Wir ent-
schieden uns, zu bleiben, packten aber zur Vorsicht ein
Köfferchen mit allen wichtigen Papieren und einer Gar-
nitur Kleidung zum Wechseln. Wir haben es nicht gebraucht, aber ich erinnere mich, wie tieftraurig ich
war, als ich die einzelnen Sachen aufs Bett legte und
einpackte.

Für die nächsten zwei oder drei Tage schien es besser, daheim zu bleiben. Hubschrauber flogen über das
Haus und setzten Marines auf dem Parkplatz eines Supermarktes ab, um die letzten paar »Aufständischen«
von dort zu vertreiben. Spätestens jetzt wurde klar,
dass dies eine Sache zwischen verschiedenen Militär-
gruppen war, ein Umsturz, ein *coup d'état*. Wir hörten
dauernd BBC auf dem Kurzwellenradio und beobachte-
ten das Fernsehen, wo sich die Ereignisse übereilten.
An einem Vormittag zeigte das Fernsehen, wie Suharto
als Präsident zurücktrat. Der Mann, der damals ins
Amt kam, als ich in Kissingen meine Schularbeiten am
Küchentisch machte, war jetzt endlich zurückgetreten.
Wie als Übersprunghandlung pflanzte ich am Garten-

zaun, hinter den Tomaten, die rot-weiße Landesfahne auf. Mein Nachbar, ein Französischlehrer sah von seinem Balkon herunter und lachte zustimmend.

Es war mir wichtig, so bald wie möglich wieder im Büro zu erscheinen, denn für einen Consultant dreht sich alles um die Tagesrate, nur ein bezahlter Tag ist ein guter Tag. Also machte ich mich auf den Weg durch die leeren Straßen mit den abgebrannten Barrikaden, um pünktlich zu Arbeitsbeginn vor meinem Computer zu sitzen. – Welche Enttäuschung: Das Büro war leer, ich musste in drei Etagen bis nach ganz oben suchen und erst im Vorzimmer des CEO traf ich eine Menschenseele, die Sekretärin des obersten Bosses. »Ja, die anderen sind alle seit Tagen von der Firma nach Singapur evakuiert worden.« – »Ach ja?« – »Hat man Ihnen nichts gesagt ...?« – »Nein, hat man nicht.« War mir aber egal, denn es war mir wichtiger, mein *time sheet* für diesen Tag unterschrieben (und bezahlt!) zu bekommen, als mit Kollegen in einem überfüllten Hotel in Singapur zu warten.

In den folgenden Wochen beruhigte sich die Situation langsam. Es gibt manche kuriose Geschichte aus jener Zeit: Der Kollege, der die Zeit zum Golfspielen nutzte, »weil es da sicher und ruhig war«, wie er berichtete). Oder wie ich mich mit Hausfrauen um ein Netz mit Zwiebeln im Supermarkt balgte, weil sonst nichts anderes zum Kochen zu finden war oder wie wir später Kartons mit eiskalter Coca-Cola an die Soldaten auf den Panzern verteilten, die an wichtigen Stellen in der Stadt Wache schoben.

Urlaub und Essen in Europa

Das Signal, dass sich die Situation nach den Aufständen beruhigte, war – typisch für Indonesien – der Gemüsemann, der sein Verkaufswägelchen wieder durch die Straßen schob, akustisch von seiner Gummi-Hupe unterstützt. Die Logik: Wenn der Gemüsemann kommt, dann gibt es wieder was zu essen und da draußen ist es wieder ruhig und gewaltfrei. Die Revolution war vorbei, es geht aufwärts.

Trotz Revolution und *Reformasi* leisteten wir uns in diesem Jahr eine größere Urlaubsreise nach Europa, denn das Geschäft lief ganz gut. Ich hatte ein Vorstellungsgespräch bei einer Firma in London festgemacht, die zwar nicht die Reise aber das Hotel (Savoy, keine schlechte Adresse) bezahlte. Meine Frau hasste London und England vom ersten bis zum letzten Moment. Es begann mit stundenlanger Warterei an der Passkontrolle in Heathrow, wo EU-Bürger und Aliens (hier: Nicht-EU-Menschen) getrennt in Reihe standen und von strunzdummen Beamten unterschiedlich behandelt wurden. Der Empfang im Hotel war nicht besser, kein Gruß, kein freundliches Wort, was meine Frau, Djamila, zu Recht als rassistischen Affront einordnete. Touristenprogramm, Buckingham Palast, rumsitzten mit den anderen Touristen am Trafalgar Square, eine Stadtrundfahrt und ein Dinner, bei dem der blasierte Kellner nicht mal die Menschen ansah, die er bediente, sondern das winzige Steak und zwei harte Brötchen auf den Tisch knallte. Ich erspare dem Leser hier weiter Ausführungen zur Qualität der englischen Küche; jedes Vorurteil ist voll berechtigt.

Das Vorstellungsgespräch war freundlich aber letztendlich erfolglos, vom bezahlten Hotel abgesehen. Ich bekam drei seismische Profile ohne regionalen Kontext vorgelegt. »Sehen Sie sich das mal in Ruhe an, und dann sagen Sie uns Ihre Meinung und – falls es gut aussieht – wo sie bohren würden.«, eine interessante Fragestellung. Die Stelle, die ich ausgesucht hatte, war schon im Jahr zuvor – ohne Erfolg – angebohrt worden. Aber die Logik, meine Interpretation, die mich zu dieser Schlussfolgerung geführt hatte, war falsch, zumindest hatten andere Bewerber bessere Argumente und ich bekam den Job nicht. Im Nachhinein gut so, denn erstens wurde die Firma wenig später aufgekauft und restrukturiert, und zweitens war es undenkbar, dass sich meine Frau Djamila in dem Leben in einer grauen London-Vorstadt zurechtgefunden hätte.

Es war Zeit weiterzureisen, das Gemüse im Kühlschrank wurde trocken. Was? Anstatt der üblichen Mitbringsel aus Indonesien, die wenig geschätzt wurden, versprachen wir meinen Eltern und der Familie meines Bruders etwas original Indonesisches zu kochen. Dazu war das Gemüse vorgesehen, das im Savoy im Kühlschrank auf seine Zubereitung wartete. Das exotische Gericht wurde als »schwarze Suppe« angekündigt, um die liebe Familie nicht mit unbekannten Fremdwörtern (»Rawon«) zu belasten. Wir versprachen hochheilig, dass in dem Gericht keine unappetitlichen exotischen Zutaten verkocht waren. Rawon, die schwarze Suppe, ist ein harmloser Eintopf aus Rindfleisch, Sojabohnensprossen und vielerlei Gewürzen. Man serviert Reis dazu. Die schwarze Farbe stammt von gewissen Palmfrüchten die, wenn sie reif sind und geknackt werden, innen hässlich, schwarz und breiig aussehen, bitter schmecken und sogar ein bisschen giftig sind. Natürlich sind diese Nüsse nur in Indonesien aufzutreiben, sind aber für dieses Gericht unentbehrlich. Nun gut, die Familie war gewarnt, wir rechneten die üblichen 300 Gramm Fleisch pro Person, und glaubten. Die Hälfte übrig zu behalten und hofften auf ein gütiges »ganz nett«. Die Suppe war ein voller Erfolg, der Topf leer und selbst mein Vater, der in seinem ganzen Leben sehr selten etwas Unbekanntes ausprobierte, war begeistert.

Worauf ich mit diesem Exkurs über internationale Küche hinaus will, ist dies: Ich bin zu der Überzeugung gelangt, dass wirklich gutes Essen immer ankommt, der kulturelle Hintergrund ist dabei egal.

Das geht auch in die Gegenrichtung. Bei diesem Urlaub kaufte ich einen Spätzlehobel. Franken dürfen so ein Ding benutzen, die »echten Schwaben« arbeiten grundsätzlich nur mit dem Spätzlebrett. Spätzle in Indonesien, geht das? Das geht sogar gut! Zum zweimonatlichen Familientreffen (»*Arisan*«) kochte ich Spätzle, eineinhalb Kilo Mehl, ein Riesenhaufen. Meine Frau verfeinerte die Schwaben-Pasta mit Shrimps und Chili, um das Gericht an den lokalen Geschmack anzupassen. Oben drauf geriebener Parmesan. Das ist weder deutsch, noch schwäbisch oder italienisch und geht bestenfalls noch als *Fusion Food* durch. Auch hier, Erfolg auf der ganzen Linie: alles aufgegessen. – Wer sagts denn!

Eigenes Haus und eigene Firma

Manche Stadtteile waren furchtbar von den Mai-Aufständen betroffen, andere weniger. Besonders wild wütete der Mob in Gebieten mit vorwiegend chinesischer Bevölkerung oder Geschäften. Chinesenläden wurden geplündert und dann angezündet. In diesen Vierteln sah man im Asphalt viereckige Flecken, wie Pockennarben, die auf verbrannte Autos vom Tag zuvor hinwiesen. Die Brandreste wurden schnell von der Regierung entfernt, damit die Journalisten nicht noch schlechtere Bilder von Jakarta um die Welt schickten.

Wochen zuvor hatten wir uns ein Haus zum Kauf angesehen, mein Einkommen, jetzt zum Bürogeologen mutiert, ließ jetzt derlei Überlegungen zu. Die Fensterscheiben und Fassaden der geplünderten Geschäfte in der Gegend waren noch nicht repariert, als der Eigentümer des Hauses anrief: »Sind Sie noch an dem Hauskauf interessiert?« Es war eine schwierige Entscheidung, am Ende sagten wir zu. Die nächsten Monate waren mit Umbau und Renovierung ausgefüllt, wobei die Sicherheit verständlicherweise im Vordergrund stand. Ich ließ auf der Straßenseite Panzerglas in die Fenster einbauen, dick genug, um geworfene Steinbrocken auszuhalten. Feuerlöscher wurden an wichtigen Stellen an die Wand gedübelt. Ein Notstromaggregat stand in der Garage. Sicher ist sicher.

In der Zeit der politischen und gesellschaftlichen Neuorientierung änderte sich vieles. Um Geschäfte in Indonesien zu betreiben, zum Arbeiten, brauchte man normalerweise unendlich viel Papierkram, um dies legal und somit relativ ungestört tun zu können. Für lange Jahre hatte ich einen *Body Shop*, einen Sklavenhändler, oder freundlicher ausgedrückt, einen Agenten. So ein Agent nimmt seinen Teil vom Bruttolohn, zahlt Steuern (oder gibt wenigstens vor, diese zu zahlen), schreibt Angebote an Firmen und kümmert sich um die Arbeitserlaubnis, die jedes Jahr zur Verlängerung ansteht. Mein Agent, Herr Heyzer, war ein lieber Mensch, ein altes Männchen, das viel Kaffee trank und dazu Zigarettenketten rauchte. Herr Heyzer war einer der Besseren in der Branche, einer der die Steuern tatsächlich beim Finanzamt bezahlte und der mir meinen Nettolohn zuverlässig und pünktlich überwies. Ich saß oft im Büro und hörte seinen Geschichten zu. Aber er wurde alt, geschätzt Anfang siebzig, und er hatte keine Lust mehr, sein Geschäft, das er gemeinsam mit einem kanadischen Driller betrieb, weiterzuführen. Verständlich. Weil er wirklich ein netter Mensch war, legte er mir nahe, meine eigene Firma aufzumachen, er würde mir sogar dabei helfen. Oder, eine andere freundliche Geste, einen Anteil in der neuen Firma halten.

Die Firma

Also beschloss ich, Unternehmer zu werden (so wie andere an einer Stelle in ihrem Leben beschließen, Politiker zu werden), nach indonesischem Wirtschaftsrecht sogar Investor. Denn in diesem Land kann man nicht einfach irgendwo einen Gewerbeschein abholen und loslegen Gewinn zu machen, sondern muss vielmehr, wenigstens die kleinstmögliche Geschäftsform, eine Kapitalgesellschaft mit Direktoren, Stammkapital und allen möglichen anderen Einzelheiten gründen. Dieses Geschäft muss vorher noch vom Investmentboard, so eine Art Ministerium, genehmigt werden, denn es geht ja nicht an, dass jeder in jedem Bereich eine Firma aufmacht. Bestimmte Geschäftsbereiche, die, die als strategisch wichtig, systemrelevant oder national bedeutend eingestuft wurden, waren grundsätzlich für Ausländer geschlossen. Was strategisch oder wichtig ist, änderte sich alle paar Monate, mal waren Banken wichtig, ein anderes Mal vielleicht Fischerei oder Krankenhäuser. Eine durchgehende Logik suchte man hier vergebens. Ein anderer, viel schwierigerer Aspekt war das Geschäftskapital, das man besitzen musste (oder sollte), um anzufangen. Ein gigantischer Betrag, den kein Privatmann durch ehrliche und eigene Arbeit jemals zusammentragen kann. Ein unüberwindlicher Berg. Stimmt, stimmt – aber doch nicht ganz. Erstens musste man nicht das gesamte Stammkapital haben und vorzeigen, sondern nur dreißig Prozent davon und zweitens galten Sachen und Gegenstände auch als Kapital. Wir kratzten alles zusammen, was irgendwie einen Wert hatte. Angefangen mit dem Auto, ein paar Computern, Plotter, jeder wacklige Bürostuhl, jeder Aktenschrank wurde bewertet und ein Teil des Stammkapitals. Es hat gereicht. Den Firmennamen heckten wir zusammen mit meinem Sohn bei einem abendlichen Bier in Yogyakarta aus. Der Name ist ein synthetisches Wort, etwas mit »Petro« wie Petroleum und, und Nusantara, bedeutet so viel wie Archipel oder Inselland. Ein Wort, das bei Firmennamen in Indonesien populär ist, weil es andeutet, dass man im ganzen Land aktiv sein wird.

Aus historischer Sicht sei erwähnt, dass das die Zeit war, in der das Internet anfing, geschäftsrelevant zu werden, der Anfang in der sich die *dot-com*-Blase aufblähte. Mit Begeisterung programmierte ich nächtelang meine erste Website, eine ganze Seite mit Links zu Sachen, die in der Geologie wichtig sein könnten, mit selbst gemachten Bannern und Bildchen – ich wusste damals noch nicht, dass das Internet nur für Katzenbilder erfunden wurde. So, Leute, guckt mal, wie toll wir sind, kommt, lasst uns Geschäfte machen! Und? Nichts passierte! Kein Anruf auf dem neuen, rauschfreien ISDN-Telefon, keine Mail, gar nichts. Es hat Monate gedauert, bis der erste Auftrag hereinkam, und das nur, weil ich – ganz altmodisch – wieder selbst auf die Leute zugegangen bin, Klinkenputzen also.

Gold kochen

Einer ersten und mehr skurrilen Jobs mit meiner neuen Firma war das Sieden von Gold, offiziell beschrieben als *metallurgic expert Witness*, in der Rolle des Repräsentanten der Bergbaufirma, also immer noch was mit Geologie, wenn auch entfernt. Der Zweck der Arbeit war es, Barren von Rohgold, die von der Mine kamen, zu wiegen, aufzuschmelzen und zu beproben, den ganzen Vorgang zu überwachen und mit meiner Unterschrift dafür zu bürgen, dass alles richtig gelaufen war und kein Gold illegal abgezweigt wurde. Die Realität der Arbeit bestand darin, die Barren erst einmal vom Lastwagen der Sicherheitsfirma abzuladen. Gold ist schwer und die backsteingroßen Barren wogen um die achtzehn Kilo, schwer genug, um sich die Finger einzuquetschen. Was in dem Wagen nach nur ein paar Kistchen und Klötzchen aussah, waren oft bis zu achthundert Kilo. Wenn man Staub und Hitze dazurechnet, eine echte Knochenarbeit, wenngleich ich dazu nicht alleine da war, sondern Helfer hatte. Der Bereich des Industriegebietes, in dem das geschah, war streng überwacht. Kameras, Personenschleusen, nichts durfte mitgebracht werden, nicht mal ein Taschenrechner, und nichts durfte herausgebracht werden. Die feuerfesten Arbeitsstiefel wurden genau untersucht.

Das rohe Gold sieht gar nicht wie Gold aus, sondern eher wie Eisen oder Zink, das bei Schweißarbeiten runtergetropft war, nur eben in der Form von Barren. Die Barren wurden gewogen und in mehreren Tiegeln aufgeschmolzen und bevor es wieder zu Barren gegossen wurde, nahmen wir Proben, um sie später auf ihren Goldgehalt hin zu analysieren und so letztendlich den Wert der ganzen Sendung zu berechnen. Der Vorgang, der gesamte Zyklus von Auspacken, Wiegen, Schmelzen, Gießen, Abkühlen und wieder Wiegen (die Kalibrierung der Waagen wurde jeden Tag wiederholt und dokumentiert) dauerte vom frühen Morgen bis spät in den Nachmittag. Eine langweilige Zeit, die größtenteils daraus bestand, abzuwarten, dass die Barren endlich abgekühlt waren. Zu der Schmelze wurde Borax zugegeben, was mit den Verunreinigungen im Rohgold eine glasartige Schlacke bildet, die dann oben auf der Schmelze herumschwamm und abgeschöpft wurde. Natürlich wurden die neu gegossenen Barren, Proben und die Schlacke wieder genau gewogen, um die Ausbeute zu berechnen. Dabei war es normal, dass bei dem Prozess ein oder zwei Pfund Metall verschwand, wahrscheinlich verdampfte. Schwermetalldämpfe? Wir hatten ja billige Einweg-Staubmasken.

Am Abend danach dachte ich daran, dass heute der Wert von einer Million Dollar durch meine Hände gegangen war und ich außer Staub und Husten wenig davon abbekommen hatte.

Berlin *revisited*, 2003

Es war der wichtigste und der längste Urlaub in meinem Leben. Mein vorher einziger Besuch in Berlin war mit der Schule, im Oktober 1973, ich habe davon geschrieben. Es war die Gelegenheit, zu vergleichen, was sich in den letzten 30 Jahre in Berlin geändert hatte. Damals, bei meinem ersten Besuch, war Berlin noch geteilt in Ost und West und trotzdem – oder gerade deswegen? – eine verrückte Insel, voll mit Theater, Kultur, Museum, Party, Kneipen, bunten Menschen aller Schattierungen, aber mit dem Trauerschleier von Stacheldraht und Teilung. Genau hier verlief die Bruchlinie zwischen zwei verschiedenen Gesellschaftssystemen, mitten auf einer Straße, manchmal am Gehweg.

Die Stationen: Besuch des Reichstaggebäudes und dessen Kuppel, geplant, seit ich die Kuppel erstmals in einer Zeitung gesehen hatte. Mein Vater, in seiner jungen Zeit vor dem Krieg Schreiner, hatte an dem Reichstag ein wenig mitgebaut und dort Türen und Paneele installiert und poliert, so hatte er mir einmal erzählt.

Der Potsdamer Platz, vom allerfeinsten. Die nächste Stelle auf der Welt, wo Glitter und Kommerz so hell strahlen, ist die Orchard Road in Singapur.

Westlichen Dekadenz: die Love Parade.

Friedrichshain, Besuch in der Studenten-WG meines Sohnes. Eine traute Heimeligkeit wie in lange vergangenen Studentenzeiten, die Wasserpfeife auf der Fensterbank, edler Jazz im Hintergrund, Gitarren und Musiksachen in jedem Eck, ein John-Lennon-Poster an der Tür.

Die Karl-Marx-Allee, früher Stalin-Allee, war die Haupt-und-Prachtstraße des ehemaligen Ost-Berlin. Ich hatte die Straße damals an einem milden Abend im Herbst gemeinsam mit meiner Schulfreundin Pauline abgelatscht. Die Erinnerung war sofort wieder da und schmerzte noch immer.

Einiges hatte sich doch geändert seit meinem ersten Besuch in Berlin. Damals war der Döner noch nicht erfunden und die Currywurst war das übliche Eckenfutter, der Straßensnack. Jetzt war der Döner, der genauso wenig – oder genauso viel – deutsch wie türkisch ist und angeblich, wie die Currywurst, in Berlin erfunden wurde, das Symbol für die verklemmte deutsch-türkische Beziehung.

Von Hamburg reiste ich per Schiff als Passagier auf einem Containerfrachter nach Jakarta. Die Seereise erwies sich als die schönste Reise meines Lebens. Ich hatte die Reise lange geplant, fand aber jahrelang nie den richtigen Moment, eine Zeit, in der ich genug Geld hatte, aber nicht mit einem Vertrag angebunden war. Ich brauchte ein paar Wochen, während derer ich die Freiheit hatte, geschäftlich nicht erreichbar zu sein. Das Wetter und der Seegang waren während der gesamten Passage ideal, ruhig, wie es nur selten ist. Drei Wochen von Hamburg nach Singapur. Das Schöne an einer Seereise ist, dass man sowohl unterwegs ist, aber doch zu Hause und dabei viel Platz und Zeit hat.

K.E. Schech

Die späteren Jahre

Mit der neuen Firma, in den frühen 2000 Jahren, kam abwechslungsreiche Arbeit herein und Jobs, die ein Einkommen erzielten, von dem ich auch was auf die Seite legen konnte. Es hatte sich bewährt, nicht über den Preis zu konkurrieren, sondern zu versuchen, die Kundschaft mit Qualität zu überzeugen. Das Konzept der Dienstleistung bedeutet – vielleicht nicht nur in meiner Branche – dem Klienten seine Sorgen abzunehmen. »Komm, ich helfe dir, dein Problem zu lösen ...«, dafür zahlt der Kundel gerne. Qualität hat ihren Preis und in der Umkehrung gelten Waren und Dienstleistungen, die billig sind als nicht werthaltig; was wenig kostet, kann nicht gut sein.

Hier ein paar Beispiele, die die Verschiedenheit der Projekte beleuchten:

Eine amerikanische Firma. Sie hatten ein paar trockene Bohrungen hinter sich und wollten die Arbeitsgebiete (es sind genau genommen keine Konzessionen) zurückgeben. Dazu brauchten sie jemand, der die Berichte schreibt, Präsentationsmaterial zusammenträgt und den Behörden erklärt, warum und wieso alles so gekommen ist, kurzum, jemand, der sich schnell einarbeiten kann. Die anderen Kollegen waren inzwischen entlassen oder an entfernte Projekte weitergereicht; es lohnte sich auch nicht nur für diese Arbeit jemand neu einzustellen. – Dieses Projekt illustriert die typische Arbeit dieser Zeit: Die Firmen brauchten stets Hilfe, um ein klar umrissenes Projekt schnell zu bearbeiten, jemand, den man nicht erst lange einarbeiten musste.

Manche Firmen erwarteten, dass ich mich an dem Sozialleben der Firma beteiligte, andere nicht. Die Amerikaner, zum Beispiel, luden zur Abendparty ein, bei der der Firmenchef – gerade in seinem Privatjet eingeflogen – mit *Small Talk* unterhalten werden sollte. Ein andermal wurde ich von der netten Frau in der Personalabteilung rekrutiert, um bei dem jährlichen Sportfest aller Ölfirmen in einer lächerlichen Trainingsuniform im Gleichschritt vor der Tribüne der Honoratioren vorbeizumarschieren. In Gedanken das Mantra: »*It's part of the job.*«

Ein Projekt ganz anderer Art bearbeitete ich in meinem Büro – also zu Hause. Die Firma beutete ein winziges Ölfeld in Sumatra aus, das nur ein paar Dutzend Barrel pro Tag produzierte, die auf einen Tanklastwagen verladen und dann jede Woche zur Raffinerie gekarrt wurden. Sie hatten ein Problem, denn zwei Entwicklungsbohrungen, die eigentlich Öl produzieren sollten, Gas antrafen. Warum? Sie gaben mir die notwendigen Daten, Bohrungsunterlagen, Seismic, Karten, Produktionszahlen, alles. Ich mietete Software (1.400 Dollar pro Monat) von Halliburton und arbeitete drauf los. Die Ausarbeitung wurde mit jedem Tag spannender, ein kleines aber schnuckeliges Projekt. Schon nach sechs Wochen konnte ich bei einer schnell zusammengerufenen Besprechung stolz verkünden: »Leute, ich weiß, was falsch war. Ich kann auch sagen, wo die nächste Bohrung angesetzt werden müsste.« Begeisterung. Mein Projekt wurde verlängert, mehr Daten mehr Arbeit. Meine Karten und meine Berechnungen wurden am Ende zur Zertifizierung der restlichen Reserven eingereicht – das ist wie eine ausführliche Betrieb- und Buchprüfung in der Wirtschaft – und ohne Änderungen akzeptiert. Erfolg auf der ganzen Linie und der richtige Moment, meine Rechnung zu präsentieren. Nach vier Wochen (der übliche Zeitraum) – nichts. Nach acht Wochen immer noch nichts. Ich sprach mit dem Boss, dem die Situation peinlich war. Ich möchte doch, bitte, etwas Geduld haben, denn die Firma müsse erst ein paar Ladungen Öl verkaufen, erst dann sei genug Geld in der Kasse, um meine Arbeit zu bezahlen. So war es dann auch.

Nächster Kunde: Eine kleine Schweizer Firma. Ich wurde zu dem Job von dem vorherigen Chefgeologen eingeladen; wir kannten uns schon lange und unsere professionellen Wege hatten sich oft gekreuzt. Sie suchten einen Mann für alles; das technische Team bestand nur aus zwei Personen: mir selbst und meinem Gegenüber in der Geophysik, einem verschlafenen Kanadier, der frühestens um zehn oder elf morgens im Büro antrabte, aber trotzdem erstklassige Arbeit ablieferte. Wir zwei deckten alles ab: Bohrungen, Versammlungen mit den Geschäftspartnern, Besprechungen mit den Behörden und Ministerien, abwechslungsreiche, bunte Arbeit, die aber leider nicht von Erfolg gekrönt waren, zwei vergebliche Bohrungen, die wir als »fast Erfolg« anpriesen, aber knapp vorbei ist auch daneben. In der Folge wurde die Arbeit »regionalisiert«, man eröffnete ein neues Büro in Singapur, das von einem Kumpanen des obersten Geologen in der Schweiz angeführt wurde. Das Team in Singapur war auch nicht erfolgreicher, aber dank der guten Beziehungen »näher am Sonnenschein«.

Danach Kanadier, die – der Ölpreis war wieder einmal hoch – expandierte und Leute einstellte, fast jede Woche ein neues Gesicht, ein neuer Kollege. Der Arbeitsstil der Kanadier gefiel mir gut: »Ordnung«, wie in einer deutschen Firma. Für alles gab es *Procedures*

und *Guidelines*, der Umgang war freundlich und kolle-
gial und Geld für Anschaffungen wie Computer und
Software oder neue Projekte saß locker. Ich war so begeistert, dass ich anfangs keinen Preis, keine Tagesrate
für meine Arbeit verhandelte. Nach einem Monat
sprach ich beim Chef vor und fragte vorsichtig, welche
Zahlen ich auf meine Rechnung schreiben solle. Es war
ein freundliches Gespräch. Ich kannte das alte Sprich-
wort: »Der, der in einer Verhandlung als Erster Zahlen
nennt, der verliert.« Also antwortete ich auf die Frage,
wie viel ich denn wolle: »Ja, das übliche, etwa so wie
die anderen auch.« Er: »Wären Sie mit xxx Dollar einverstanden?« *Oh yes*, und wie ich einverstanden war.
Meine Tagesrate hatte sich gegenüber den Schweizern
zuvor mehr als verdoppelt. Bingo!

Danach eine britische Klitsche, bei der immer alles
schnell und billig sein musste und die von unleidlichen
Leuten gemanagt wurde, vier Lagen von Management,
die jederzeit mit Mails und Anrufen in das laufende Ge-
triebe der Arbeit eingriffen. Für minimale Abweichun-
gen vom vorgesehenen Budget mussten ausführliche
Rechtfertigungen verfasst werden, nichts war einfach
und praktisch jede professionelle Aktion wurde unter
einem Haufen von Formblättern und Berichten er-
stickt. Vor lauter Sparsamkeit vergaßen sie mal das Telefon, dann mal den Internetanschluss zu bezahlen,
und das ganze Büro hatte tagelang keine Verbindung
zur Außenwelt. Die Stimmung war gespannt, mies und
nicht selten offen aggressiv. Der Abteilungsleiter warf
in Besprechungen mit derben Schimpfworten um sich
und ließ nur seine eigene Meinung gelten. Die erbärm-
liche Stimmung motivierte mich, einen Aufsatz über
die Dummheit der Manager und ihre Fehler bei der

Entscheidungsfindung zu schreiben. Der Artikel wurde im Jahr darauf veröffentlicht und fand sogar internationale Beachtung.

Nächste Station: Australier, vornehm, aber dabei ein wenig trottelig und hilflos – ein winziger Betrieb mit wenig Geld, aber großen Worten. Ich arbeitete vier Tage in der Woche (es war deren Idee), stressfreie Geologie, keine Dienstreisen, geruhsam. Erfolgreich weil ich mehr neue Projekte an Land gezogen habe, als es vielleicht für die kleine Firma gut war.

Die Molukken

Ein Projekt, das ich ausgekocht hatte, lag in Ost-Halmahera in den nördlichen Molukken in der Nähe der Inseln Tidore und Ternate, da, wo die Holländer früher Muskatnüsse und Gewürznelken eingesammelt haben und davon stinkreich wurden. Das Wissen um die weitgehend unbekannte Prospektivität dieses Gebietes hatte ich bei einer früheren Firma erlangt. Wir schickten eine *Field Crew* ins Gelände, Steinchen klopfen, Proben einsammeln und Gravimetriemessungen anstellen. Dabei wurde ich nachdenklich. So sehr ich mir Erfolg für mein Projekt wünschte, genauso fürchtete ich, es könnte wahr werden. Dann würden die Öl-Leute wieder ein anderes Paradies am Ende der Welt kaputtmachen, nur um des schnöden Mammons Willen. Auch hier wieder Aesops Fabel: »Bedenke gut, was du dir wünschst, es könnte wahr werden.« Bilder von Halmahera zeigten Trauminseln mit Regenwald, Korallenriffen, bunten Vögeln und knallgelben oder grellgrünen Schlangen (Derlei Reptilien gehören zur Ausstattung eines guten Paradieses, siehe Genesis 3:1). Damals, bei den Uranprojekten, habe ich noch geglaubt, dass unser Treiben keine Probleme verursacht. Im Öl habe ich dann viele Orte gesehen, die durch Dummheit, Ignoranz und purer Geldgier extrem kontaminiert worden sind und nie mehr zum Leben oder zum Landbau taugen werden.

Unmittelbar im Norden von Halmahera liegt die Insel Morotai. Sie ist bekannt, weil von hier aus die Amerikaner im Zweiten Weltkrieg den Pazifik aufgerollt haben, heutzutage findet dort Historien-Tourismus statt. Deswegen die guten Flugverbindungen nach Jakarta und Australien. Es gab einen alten Flugplatz, Schiffswracks und andere Hinterlassenschaften des Weltkrieges. Inzwischen sind die meisten Reisenden selten noch Kriegsveteranen, sondern meist friedliche Hippies und Surfer. Außerdem ist die Geologie von Morotai, im Gegensatz zu Halmahera im Süden, grundlegend anders (»exhumierte Ophiolite«). Das bedeutet, es ist der richtige Untergrund, wenn man Nickel oder Kobalt sucht, aber nicht Öl oder Gas. Für den Laien: Der Nickelbergbau im Tagebau besteht darin, eine dicke Verwitterungsschicht aus roter Erde mit schwerem Gerät abzubauen und irgendwo anders zu raffinieren. Deshalb hinterlässt der Nickelbergbau große Schäden im Urwald, wie man sich auf Google-Earth ansehen kann.

Alle Zeichen deuteten darauf hin, dass die australische Firma bald schließen bzw. am Aktienmarkt vertickt werden würde, was im Ergebnis auf das Gleiche hinausläuft. Der Aktienpreis der Firma stieg immer dann, wenn sie nicht aktiv war, nicht gebohrt, keine neuen Gebiete unter Vertrag genommen hatte. Im Normalfall ist es umgekehrt, denn die fleißigen Firmen wurden von den Investoren belohnt. Aber was ist schon normal? Also räumte ich meinen Schreibtisch, packte meine Paraphernalien in das Rollköfferchen, eroberte

meine bunte Kaffeetasse aus der Firmenteeküche zurück, stöpselte meine ergonomische Computermaus,
die in Wirklichkeit ein Trackball ist, aus und zerrte alle
professionellen Habseligkeiten über den Firmenpark-
platz zum Taxi.

Das Finale

Im Jahr danach, 2015, hatte ich eine französische
Firma als Klient. Ich freute mich, dass ich auch jetzt,
fast auf den Tag an meinem 60. Geburtstag, einen an-
ständigen Job landen konnte. Die Firma war der kleinste Betrieb, für den ich jemals gearbeitet habe, zwar
eine Weltfirma, aber in unserem Jakarta-Büro an den
besten Tagen nur zehn Leute, Rezeption und cleaner
boy mit eingeschlossen. Die Arbeit richtete sich von
unkomplizierten Aufkäufen irgendwelcher Ölfelder im
Laufe des Jahres mehr auf die Übernahme ganzer Firmen. Hier kamen Riesenteams zusammen, bis an die
zwanzig Leute. Aus dem *head office* in Paris Rechtsan-
wälte, Buchprüfer, HSE-Leute aus Australien und so
weiter. Meist kannte man sich nicht, es gab eine kurze
Einführung über das Warum und Wieso und Tausende
Hinweise darauf, wie geheim und vertraulich die Mission sei und dass die Konkurrenz unter gar keinen Umständen davon erfahren dürfe. Verständlich. Und so
saß man drei, vier Tage zusammen, wühlte sich durch
staubige Aktenberge und digitale Unterlagen und sollte
dann sofort und ganz locker eine Empfehlung abgeben,
ob vorliegende Objekt eine großartige Investition oder
ein toter Hund sei; die Finger weg davon. Kaum hatte
man seine Meinung zum Besten gegeben, ein paar
Mails geschrieben und die dazugehörigen Präsentationen zusammengestoppelt, schien das niemanden mehr
zu interessieren, denn schon musste das nächste Pro-

jekt vorbereitet werden. Ich hasste die Präsentationen immer mehr. *Death by PowerPoint*. Zugegeben, vieles in der Geologie lässt sich nur grafisch darstellen, aber das Kopieren und Einfügen von geklauten Grafiken ist eine stinklangweilige Arbeit, die das Hirn eintrocknet. Aber was solls, auch das war (gut-)bezahlte Arbeit.

Unangenehm waren dagegen die obligatorischen gemeinsamen Abendessen in irgendeinem Hotel, die meist am zweiten oder dritten Tag solcher Datenansichten stattfanden. Da man sich erstens kaum kannte und zweitens alles und jedes geheim und vertraulich war, lief die Konversation immer mühsam. Es gab Wein, ausgesucht vom kostenbewussten Exploration Manager. Nach drei Stunden doofen Herumsitzens war man endlich im Taxi unterwegs nach Hause und merkte im Bauch, dass man das Sushi besser am Buffet gelassen hätte und der Wein eine billige Plörre war, die schon nach zwei Stunden von innen im Kopf klopfte. Nun, Menschen wie ich müssen da durch, man sagt sich dabei immer wieder das Mantra *»it is a job ...«* Was mich überrascht, ist die Tatsache, dass solcherlei Arbeit, ähnlich Buchprüfungen, Audits, dass das manchen Menschen Freude bereitet.

Arbeit für die Mafia

Der letzte Job, die letzten Projekte, die ich professionell bearbeitete, waren für die Mafia mit einem Büro in der Schweiz. Jedenfalls gaben sie eine vornehme, teure Adresse in Genf als Geschäftsstelle an. Die Arbeit bestand aus Bewertungen von Erdölprojekten, Anträgen auf Kredite, Verkaufsangebote, meine Welt und ein Bereich, den ich gut abdecken konnte. Die Vorhaben waren um die ganze Welt verstreut, Öl in Vietnam oder Oklahoma, Helium und Erdgas in Südafrika oder Bulgarien. Jedes Mal, nachdem ich meine Berichte abgeliefert hatte, hielten wir eine Telekonferenz und ich hatte den Eindruck, dass die Leute auf meine Meinung hörten und schätzten. Aber irgendetwas stimmte nicht. Ich fragte nach, wie und wo sie mich bezahlen wollten, welche Steuern dabei zu berücksichtigen seien. »Ach, das ist egal, wir überweisen das Geld ohne Abzüge und wohin sie wollen«, antworteten sie. Höchst unüblich im Geschäftsleben. Alle Kontakte, mit Ausnahme des obersten Chefs, hatten russisch-klingende Namen. Ich recherchierte die Namen im Internet, LinkedIn, ja, die Menschen gab es wirklich und sie hatten eine passende Vita. Auch die Firmenadresse, erst in Zürich, später in Genf, unmittelbar am See, existierte in Wirklichkeit (gut sichtbar auf Google Street-View) – nur arbeitete da niemand. Eine der Assistentinnen verplapperte sich an Ostern: »Ja, morgen ist hier in Kiev auch Feiertag.« Aha! Ich hatte einen Vertrag unterschrieben, der mir einen respektablen Prozentanteil an allen Projekten garantierte, die ich hereinbrächte. Aber da kam nichts mehr, Arbeiten wurden nicht mehr bezahlt, es blieben, trotz häufiger Mahnung Rechnungen offen. Die Firma war verschwunden. Schade, denn es war abwechslungsreiche Arbeit, die Freude gemacht hat. Danach kam nichts mehr.

Wissenschaft

Ein paar meiner Aufsätze wurden zur Veröffentlichung akzeptiert. Ich durfte zwei davon auf einer Konferenz vor Fachpublikum präsentieren. Applaus. Noch mehr Balsam für das Selbstwertgefühl war eine Gastvorlesung an der besten Uni in Jakarta. Ach, war das wohltuend, wie die jungen Menschen an meinem Mund hingen, jedes Wort wichtig nahmen, alles aufschrieben und sich zum Ende geistvolle Fragen ausdachten. Die Entlohnung für meinen wissenschaftlichen Vortrag bestand aus einem Teller heißer Nudelsuppe, verzehrt im Sitzungsraum und in der Gesellschaft aller Dozenten. Trotzdem, ich hätte gerne mehr gegeben, mehr Vorlesungen gehalten, durfte mich sogar als Hilfs-Erdkundelehrer in der Internationalen Schule bewerben, aber nichts davon hat sich entwickelt.

Hier, an dieser Stelle endet mein professionelles Leben als professioneller Geologe, der ich gerne war. Hier beginnt meine »dritte Lebenshälfte«, mein obsoletes Rentnerdasein.

Katzen, Musik, Garten

Mitte 2008 sind Katzen zu uns gezogen. Wir haben sie ein wenig gefüttert, sie blieben ein wenig länger und weil wir nicht hartherzig genug waren, sie fortzujagen, sind sie immer noch bei uns. Hemingway sagte zu dem Thema: »Eine Katze führt zu einer Weiteren.« Genau so war es. Es sind in der Regel vier oder fünf Katzen und Kätzchen in abwechselnder Besetzung, die gefüttert, gestreichelt, bespielt und umsorgt werden wollen. Zwei graue, zwei schwarz-weiße und eine gelbe. Einige haben wir wegen Alter oder Krankheit verloren, andere sind dazugekommen. Ich staune, wie die Fellnasen mich zu dem anstiften, was sie wollen: Essen à la carte, fünf Katzen, fünf verschiedene Dosen oder Tüten mit Futter. »Was möchtest du heute in deinem Futternapf haben?« – »Miau.«

Es gab eine Musikgruppe, die sich einmal in der Woche nach der Arbeit in einem Studio traf und übte. Nach etwas mehr als einem Jahr des Übens war es leider zu Ende. Wir spielten Blues und Top-40s und

Schmonzen wie Nenas »99 Luftballons«. Die Gruppe hieß »*Radio Malam*«, übersetzt: »Nachtradio«, ein Wortspiel, eine Alliteration mit der Adresse des Studios, *Radio Dalam*. Der Bandleader und die treibende Kraft war ein Petroleumingenieur, der wundervollen Blues spielte. Die Sängerin, eine vierfache Mutter, Mezzosopran mit einem beachtlichen Stimmumfang, war Lehrerin an einer ausländischen Schule. Dazu mein italienischer Boss am Keyboard, hatte zwar eine solide klassische Musikausbildung und war flüssig im Notenlesen, hatte aber nicht die geringste Ahnung, wie man Blues spielt, I-IV-V ging da gar nicht. Man musste ihm alles ausdrucken und aufmalen und gleich spielte er viel besser. Sein Gegenspieler, unser *Drummer*, war ein strammer Mitte-60er, Boss einer Fluglinie, der kräftig und bis zum Ohrenschmerz des Keyboarders trommelte. Unsereiner zupfte am Bass und hatte nebenbei die Aufgabe, die Musik (Noten, MP3s, etc.) aufzutreiben und zu verteilen. Drop-Box, E-Mail, und zur Sicherheit auch noch ein paarmal ausgedruckt zur Probe mitgebracht, der Notenwart sozusagen. Nach einem Jahr wurde der Schlagzeuger von seiner Airline nach Kasachstan versetzt, wo er wahrscheinlich immer noch trommelt. Blues-Gitarre und Mezzosopran mochten sich gerne, auch außerhalb unserer Proben, und es ist anzunehmen, dass sie dabei nicht nur Blues-*licks* ausprobierten. Die beiden sind nicht mehr in Jakarta, sondern zurück ins Heimatland gegangen, nach Schottland oder wohin auch immer. Kurzum, von Radio Malam war nichts übrig geblieben. Trotzdem, so schlecht die Musik auch war, so chaotisch die Proben verliefen, es hat Spaß gemacht und jetzt, wo es vorbei ist, fehlt mir die Band und die regelmäßigen Proben. Schade!

Später, leider erst, nachdem sich die Gruppe aufgelöst hatte, rief mich mein Musikalien-Dealer an und sagte, mein Bass wäre jetzt da. »Ach so?« Das hatte ich echt vergessen, denn die Bestellung lag schon zwei Jahre zurück. Also hin zum Händler, Probespielen (begeistert!), und dann ein paar Tage sinnieren, ob sich so eine teure Ausgabe für einen blutigen Amateur rechnet oder nicht. Andererseits, andere Leute haben auch teure Hobbys, spielen Golf und kaufen sich dazu aufwendige Ausrüstungen, aber hauen die teuren, gelben Golfbälle trotzdem ins Gebüsch oder den Weiher und werden in ihrem ganzen Leben nie besser. Man darf im Leben nicht alles mit Kosten-Nutzen kaputtrechnen, ein bisschen Spaß muss sein. Also habe ich das Ding, den neuen Bass, nach langer und intensiver, aber einseitiger Überlegung mit nach Hause genommen, das Instrument war viel zu schön, um es im Geschäft zu lassen. Es ist ein EUB, *Electric-Upright-Bass*, ein Kontrabass, an dem die akustische Holzkiste fehlt. Das hat den Vorteil, dass das Instrument leichter zu transportieren und gegen klimatische Wechselbäder unempfindlich ist. Ein EUB hat die gleichen Saiten wie ein Kontrabass und klingt eine Oktave tiefer als der Gitarrenbass der Rockmusik. Die tiefe E-Saite schwingt mit 38 Hz an der Untergrenze dessen, was für Menschen noch hörbar ist, aber deutlich hörbar für Elefanten, Wale und Nachbarn. Daraus berechnet sich leicht, dass die Wellenlänge im Drei- oder Vier-Meter-Bereich liegt, was wiederum bedeutet, dass mein kleines Musikzimmermerchen allerlei Resonanzen und stehende Wellen hat; Wolfstöne, wie Bassisten sagen. Und dies wiederum hat mich zu weiteren, physikalisch hochinteressanten Überlegungen und Experimenten geführt, um die unerwünschten Frequenzen zu dämpfen (*accoustic de-ghos-*

ting). Ich entschied mich zum Erwerb eines billigen chinesischen Oszilloskops, um meine Tonaufnahmen korrekt auszusteuern. Ist es nicht erstaunlich, was man im Physikunterricht eines neusprachlichen Gymnasiums und als Geologe (Vordiplom in Physik) für das Leben mitbekommt? Besser und nützlicher als Latein und englische Poems. – Das musste zum Abschluss noch einmal gesagt werden!

Alle Jahre wieder

In Jakarta sind die Malls und Einkaufstempel schon drei Monate vor Weihnachten voll mit *Jingle-Bells*-Musik und Plastikchristbäumen, es weihnachtet in jedem Eck. Das Beste, was ich bisher gesehen habe, war ein vier Meter großer Nikolaus aus dünner Plastikfolie, der – wie eine Traglufthalle – von einem kleinen Gebläse aufgerichtet wird. Mehrfarbig-wechselnde LED-Innenbeleuchtung sowieso. Krass. Grell. Man bedenke, dass der Anteil der christlichen Bevölkerung in Indonesien gerade mal bei etwa 5 bis 8 Prozent liegt.

Im sogenannten Christlichen Abendland, Europa, Deutschland, ist da ja auch lediglich in der Kirche noch die Rede vom Sinn des Feiertags (»Friede auf Erden ...!«), die Pegida-Geistesverwandtschaften, die sich so sehr hinter dem Christlichen Abendland versammeln und gegen die bösen Ungläubigen demonstrieren, auch die garnieren ihr Umfeld mit Christbäumen, Rudolph-Rentieren, Glaskugeln, Bienenwachskerzen (natürlich und biologisch) und Mistelzweigen (allesamt heidnische Symbole!) und Santa-Claus-roten Mänteln.

Ich kann es nicht verbergen, dass ich ein gespaltenes Verhältnis zu Weihnachten habe. In der Kinderzeit war das immer eine knatschige Zeit, meine Eltern haben sich gekracht, die Stimmung war gedrückt, sicherlich nicht feierlich und festlich. Jedes Jahr waren wir froh, wenn die Feiertage vorbei waren und wir raus, weg, zu Freunden konnten. Dann später, weg von zu Hause, und wieder der gleiche sinnlose Streit, bei wessen Eltern wir denn den Heiligen Abend verbringen sollten – es war immer falsch und immer hat jemand gemeckert, angerufen, warum wir nicht kommen. Keine Weihnachtsstimmung. Später, verheiratet und mit kleinen Kindern, war es kaum besser, das lag an der Stadt Essen, die an Weihnachten im Regen noch trostloser aussieht. Der Weihnachtsmarkt in Essen lag nahe an der Schmuddelecke der Stadt und seither verbinde ich den Geruch von Glühwein und Zimtsternen mit Pornokinos, die hinter dem Stand mit Puffreis mit bunten Lichtern blinkten.

Nur zwei Mal erlebte ich ein richtig schönes Weihnachten. Einmal auf einer ganz langen Autofahrt, nachts und alleine, im frischen Schnee in der Oberpfalz, auf dem Weg zu Freunden. Ein andermal im Flieger von Frankfurt nach Jakarta am Weihnachtsabend. Das war richtig *groovy*, wir alle waren unterwegs, alle fremd, alle irgendwie alleine und doch zusammen, eine Stimmung, die ich nicht vergessen werde. Bei der Zwischenlandung in Bangkok durften wir ausnahmsweise im Flugzeug bleiben. Wir Passagiere und zwei Stewardessen standen an der offenen Kabinentür, tranken Schampus der Swissair und schauten in die Nacht.

Habe ich schon erwähnt, dass ich zum Islam konvertiert bin? Nein, nicht wegen Weihnachten.

Noch ein paar Jahre?

Memories und Marmelade

Ich habe mir das so zurechtgedacht: Im Mai, Juni, dem Frühsommer des Lebens, ist alles toll, alles passiert zum ersten Mal, Blüten, Düfte, frische Früchte, viele davon allerdings im Garten des Nachbarn (oder der Nachbarin), jenseits des unschuldigen Zugriffs. Aber man hat ja auch selbst Obst im Garten. Oder bekommt, wenn man Glück hat, einen Korb vom Nachbarn geschenkt. Oder von der Nachbarin. Was macht man damit? Vielleicht Marmelade. Nach Garten und Fruchtsorte sortiert. Oder alles zusammen gemischt, je nach Erntemonat. Die Gläser stehen in der Speisekammer, schön mit bunten Wapperln beschriftet und sortiert. Im Sommer ist im Garten noch so viel Arbeit, den Rasen mähen, jäten, Tomaten hochbinden, pflegen. Dann kommt der Herbst (des Lebens). Frost. Keine Früchte mehr. Kalt. Grau. Endzeit. Das armselige Finale. Aber da steht ja noch die Marmelade im Regal. Das sind zwar keine frischen Früchte, aber immerhin Erinnerungen, mit viel Zucker. Man zündet eine Kerze an, kocht sich einen Rauch-Tee und kleckert dann einen Löffel voll Marmelade aufs Brot. Besser als gar nichts, wenigstens hat man noch die süße Marmelade und die Erinnerungen an die wilden Tage im Mai des Lebens, an die Nachbarin und den Sommer, damals.

Und jetzt, an dieser Stelle, geht auch meine Marmelade zu Ende, mein letztes Glas ist fast leer.

Glück gehabt

Ich habe Glück im Leben gehabt. Ich hatte liebe Eltern, bin im richtigen Land aufgewachsen, nicht im Irak, Syrien oder Bangladesch oder einem anderen Kriegsgebiet. Ich bin durch einen blinden Zufall in einen Beruf geraten, der mir mein ganzes Leben lang Freude gebracht und ein – meistens – auskömmliches Einkommen verschafft hat. Ich hatte keine schlimmen Krankheiten, Unfälle oder dramatische Schicksalsschläge, die andere Leute aus der Bahn werfen. Ja, sicher, da war vieles in meinem Leben, an dem ich schwer getragen habe, aber – so sehe ich das – das war alles im Bereich des Normalen, dessen, was fast jeder zu tragen hat. Ich hoffe, dass die weiteren Jahre, die meinem Ende vorausgehen, auch nicht wesentlich schlechter werden.

Im Rückblick wird mir immer klarer, wann, wo und warum ich falsche Entscheidungen getroffen habe, die mein Leben fundamental verändert haben. Der große Knick war die erste Zeit in Jakarta und die darauffolgende Scheidung. Da hätte ich vieles besser machen können. Das weiß ich heute, aber ich wusste es damals nicht. Retrospektive ist keine exakte Wissenschaft, sondern nur das dumme Geschwätz von »hätte, würde, könnte«, eine Ansammlung von bedeutungslosen Konjunktiven.

Ja, ich hätte noch Pläne gehabt. Ich wollte noch nach Kamtschatka (weil die Geologie dort ähnlich mit der von Java ist), Kuba oder Patagonien reisen; aufgegeben habe ich die Pläne immer nicht. Das klingt wie ein Song von Hannes Wader: »Ich hatte mir noch so viel vorgenommen, vielleicht wäre doch noch manches dabei herausgekommen.« Ich könnte hier eine lange

Abhandlung schreiben, was ich alles noch gerne mit meinem Leben angestellt hätte, verpasste Gelegenheiten, Reisen, die ich nie unternommen habe und Projekte, die ich nie in Angriff genommen habe. – Es ist jetzt egal.

Es war gut so, wie es gewesen ist und es ist gut so, wie es jetzt ist. – Danke!

Hier sollte eigentlich Musik erklingen. Nein, nein, nicht Vivaldi's »Winter« aus den »Vier Jahreszeiten«, das können sie spielen, wenn ich es nicht mehr höre. Nein, froher Jazz, der genau so alt ist, wie ich: »*Softly like a morning Sunrise*«, gespielt vom Modern Jazz Quartett (MJQ). Hört Euch das bitte an, wenn ihr dieses Buch zur Seite legt.